Charles Perrault

Der kleine Däumling

und andere Märchen

Nacherzählt von Moritz Hartmann

Illustrationen von Klaus Ensikat

Buch und Zeit Verlag

dauerte noch die nächsten Tage hindurch, gerade so lange, wie die zehn Taler dauerten.
Als diese dahin waren, kehrte das alte Elend zurück, und Vater und Mutter beschlossen, die Kinder wieder in den Wald zu führen, und zwar viel weiter als das erste Mal, um ihrer Sache sicher zu

sein. Der kleine Däumling, der auf seiner Hut war und die Alten beobachtete, hatte auch diesmal ihr Gespräch belauscht.
Gut, dachte er, jetzt weiß ich, wie man's macht. Aber er hatte die Rechnung ohne den Wirt gemacht, denn als er gegen Morgen hinausschleichen wollte an den Bach, um wieder Steinchen zu sam-

meln, war die Türe geschlossen, und er konnte nicht hinaus. Gott verläßt die Seinen nicht, dachte er, es wird sich schon was finden.

Als sie dann in den Wald zogen und die Mutter jedem noch ein Stück Brot in die Tasche steckte, dachte er: Siehst du wohl, da hast du das Brot. Waren es früher die Kieselsteine, so sind es jetzt die Brosämlein. Freilich würde ich sie lieber verschlucken, aber was ist zu machen? Man muß sich strecken nach der Decken. Diesmal ging's viel, viel tiefer in den Wald, an eine Stelle, wo es dicht und dunkel war, ganz, ganz dicht, ganz, ganz dunkel. Die Alten machten sich wieder eine Ausrede, krochen ins Gebüsch, und fort waren sie. Da ging wieder das Gewein und Geschrei los, und dabei sahen alle den kleinen Däumling an. Er war ruhig, legte die Hände auf den Rücken und sagte nur: „Vorwärts!" wie einer, der seiner Sache ganz sicher ist. Aber Hochmut kommt vor dem Fall. Die Brosamen, so er auf den Weg gestreut, hatten die Vögel aufgepickt. Keine Spur war mehr da, und nun war guter Rat teuer. Dennoch gingen sie daraufl os, aber je weiter sie gingen, desto mehr verirrten sie sich und desto tiefer kamen sie in den dichten, tiefen, düstern Wald.

Es regnete, und der Wind heulte, und sie glaubten, es wären die Wölfe, die so heulten, und hatten große Angst – besonders als es Nacht wurde, stockdunkle, pechrabenschwarze, mutterseelenalleinige Nacht. Sie wußten nicht, wo aus, wo ein. Der kleine Däumling – immer der kleine Däumling voran, denn sein Grundsatz war: Selbst ist der Mann! – kletterte einen hohen, dicken Baum hinan, der alle andern Bäume des Waldes überragte, und blickte nach allen Seiten aus. Nach drei Seiten sah er gar nichts, aber von der vierten Seite her kam ihm aus der Tiefe, durch Gebüsch, aber noch aus weiter Ferne, ein Lichtschimmer entgegen. Gut, dachte er, durch Nacht zum Licht! und ließ sich wieder vom Baume heruntergleiten zu den Brüdern, die alle unten standen und hinaufsahen. Aber unten angekommen, war's wieder nichts, denn das Licht war verschwunden. Doch hatte er sich die Richtung gemerkt und wanderte nach jener Seite – bergauf, bergab. Das Licht tauchte auf und verschwand wie ein Irrlicht. Sich nur nicht irremachen lassen! dachte der Däumling, und die andern stelzten hinter ihm her. So gelangten sie endlich an das Haus, aus dem das Lichtlein gekommen war, und riefen und pochten.

Eine gute Frau kam heraus und fragte, wer sie seien und was sie wollten?

„Hungrige, durchnäßte, müde, im Walde verirrte arme Kinder sind wir", antwortete der Däumling, „und möchten um Gottes willen um ein Stück Brot und ein Nachtlager gebeten haben, ohne jemand genieren zu wollen."

„Ach ihr armen, guten Kindlein", rief die Frau und fing zu weinen an, „wißt ihr denn auch, wohin ihr geraten seid? In diesem Hause wohnt ein Riese, der die Kinder frißt."

Da fingen sie alle an vor Angst zu zittern, auch der Däumling, doch sagte er: „Es ist gewiß nicht schön, Kinder zu fressen, noch weniger schön ist es, gefressen zu werden, und zwar als Kind. Aber was ist zu tun? Draußen ist's finster und sind die Wölfe, so gehen wir doch lieber ins Haus. Vielleicht gelingt es dir, gute Frau, das Herz deines Gatten zu rühren, vielleicht hat er eben keinen Appetit. Auch sind wir so mager, und ich bin so klein. Man muß es wagen und sehen, wie es weitergeht. Gewöhnlich werden doch nur die gefressen, die sich fressen lassen."

Die gute Frau ließ sich überreden, hoffend, die Kleinen während der einen Nacht vor dem Riesen verbergen zu können. Sie führte sie in die Stube und setzte sie ans Feuer, wo ein ganzer Hammel am Spieße stak, daß sie sich wärmen und trocknen sollten. Aber kaum hatten sie sich's ein wenig gemütlich gemacht, als sich draußen schwere Schritte und an der Türe ein furchtbares Gepolter hören ließen.

„Da kommt der Riese, mein Mann!" rief die Frau erschrocken und schob rasch die Kinder unters Bett. Der Riese fragte sogleich, ob das Nachtessen fertig, ob genug Wein abgezapft sei und lauter solche Fragen. Er setzte sich an den Tisch und verzehrte den Hammel, der noch ganz blutig war. Der kleine Däumling, der ihn von unter dem Bette aus beobachtete, dachte: Nun, der kann essen! Für den ist

ein Mann wie ich nur ein Bissen. Aber wenn er mich frißt, so soll er mich wenigstens nicht verdauen.
Als der Riese mit Essen fertig war, erhob er die Nase und fing an, nach allen Seiten herumzuschnüffeln.
„Ich rieche, rieche Menschenfleisch“, sagte er unheimlich.
„Es wird wohl nur das Kalb sein“, sagte seine Frau, „das Kalb, das ich für dich abgezogen habe.“
„Schweig“, rief der Riese zornig, „darauf verstehe ich mich! Ich rieche, rieche Menschenfleisch!“ – Und so sprechend, ging er, immer schnüffelnd, geradenwegs seiner Nase folgend, auf das Bett los.
„Ach, treuloses Weib“, schrie er sichtlich entrüstet, „du hast Geheimnisse vor mir, du willst mich täuschen, du rücksichtsloses, pflichtvergessenes Weib! Nichts als deine Magerkeit hält mich ab, sonst fräße ich dich selber!“ Sein Gesicht klärte sich wieder auf, wie er einen Knaben nach dem andern unter dem Bette an den Beinen hervorzog.
„Herrliche Bissen! Prächtiges Wildbret!“ murmelte er und leckte sich dabei die Lippen ab – „das trifft sich gut, da ich gerade drei Riesen, meine Freunde, dieser Tage zu Tische habe.“
Die armen Kinder schrien, umklammerten seine Knie und Füße und baten um ihr Leben, während das Ungeheuer sie betastete, die guten Bissen lobte und nur von der Sauce sprach, in der sie genossen werden müßten. Es war gerade einer der furchtbarsten Menschenfresser. Er zog sein großes Messer, schliff es und packte dann einen der Knaben, als seine Frau sagte: „Aber warum willst du sie heute schon schlachten? Ist nicht morgen Zeit?“
„Was du heute tun kannst, verschiebe nicht auf morgen!“ antwortete der Riese.
„Aber es ist noch so viel Fleisch da, kälbernes, schweinernes, schöpsernes, das geht ja alles verdorben.“
„Das ist richtig. Also füttere sie gut, daß sie mir nicht abmagern, und bringe sie dann zu Bette.“
Zeit gewonnen, alles gewonnen! dachte der Däumling und ließ sich’s schmecken, dann folgte er mit den Brüdern der guten Frau

in die obere Stube, wo sie sich alle sieben in ein großes, breites Bett legten. In derselben Stube, in einem gleich großen, breiten Bette schliefen die sieben Töchter des Riesen, junge, ebenfalls zum Menschenfleischessen geborene Riesinnen. Sie sahen sehr wohlgenährt, hübsch und frisch aus, wie alle, die von andern leben. Ihre Vorderzähne waren sehr lang und gingen breit auseinander, was ihre Bestimmung und Nahrungsweise verriet. Noch waren sie nicht sehr bösartig, aber sie berechtigten zu den schönsten Hoffnungen, denn wo sie ein Kind erwischen konnten, bissen sie drein. Auf ihren Köpfen trugen die sieben Mädchen sieben Kronen. Das bemerkte der kleine Däumling sogleich, und kaum hatte die gute Frau die Stube verlassen, als er ihnen die Kronen abnahm und ihnen dafür sieben Mützen, seine eigene und die seiner Brüder, aufsetzte. Sie merkten nichts davon, da sie einen riesig tiefen Schlaf hatten. Sich und den Brüdern aber, welche ebenfalls bereits schliefen, setzte er die sieben Kronen auf. Man kann nicht wissen, wozu das gut ist, dachte er.

In seiner Herzensfreude über den guten Fang hatte der Kinderfresser etwas zu tief ins Glas gesehen, und als er sich endlich ins Bett gelegt, ließ ihn der Gedanke an die guten Braten nicht schlafen. Er warf sich unruhig hin und her und konnte kein Auge schließen.

Ich würde wohl besser schlafen, wenn ich die Sache vom Herzen hätte, dachte er. Das Gute und Nützliche soll man nicht aufschieben. Er erhob sich leise, nahm das Messer und schlich sich, um seine Frau, deren Widerspruch er fürchtete, nicht zu wecken, im Dunkeln davon. Er tappte die Treppe hinauf in das Kinderzimmer und an das Bett der Knaben. Weitertappend fühlte er die Kronen.

„Teufel“, sagte er, „da hätte ich was Rechtes angerichtet, hätte beinahe meine eigenen Kinder abgeschlachtet anstatt der fremden Buben.“

Siehst du wohl, dachte der kleine Däumling, der noch wachte.

Der Riese tappte sich weiter an das andere Bett, und als er da die Bubenmützen fühlte, sagte er: „Aha, jetzt bin ich an den Kerlchen! Drauflos!“

Und so sprechend, schnitt er den sieben Kinderfresserinnen der Zukunft ihre sämtlichen Kehlen ab, und beruhigt ging er in sein Bett zurück und schnarchte bald so gewaltig, daß die Wände zitterten.
„Schlaf wohl!“ sagte der Däumling, wie er ihn schnarchen hörte, weckte seine Brüder, lispelte ihnen leise zu, sich in aller Stille anzukleiden und ihm zu folgen.
Sie schlichen die Treppe hinab in den Hof, der Däumling immer voraus, sprangen über die Mauer, und fort ging's in den Wald hinein, aufs Geratewohl. Überall besser, selbst im wildesten Wald, als bei bösen Menschen.
Als der Riese spät am Morgen erwachte, sagte er schmunzelnd zu seiner Gattin: „Geh mal 'nauf und putz mir die sieben Buben recht schön heraus.“ Sie tat, wie er sagte. Aber als sie in die Stube trat und die sieben Mädchen mit abgeschnittenen Kehlen daliegen sah, stieß sie einen gewaltigen Schreckens- und Schmerzensschrei aus und fiel in Ohnmacht. Auf den Schrei und Fall eilte der Riese herbei, sah die Bescherung und fluchte heidenmäßig.
„Meine Siebenmeilenstiefel! Meine Siebenmeilenstiefel!“ schrie er und schrie es noch immer, als er sie schon in der Hand hatte und auf die Beine zog. „Die Spitzbuben sollen mir nicht entgehen und den Streich büßen!“ – Die Siebenmeilenstiefel waren eine der schönsten Erfindungen der alten Zeit, nur befanden sie sich leider nicht immer in den besten Händen. Wer sie an den Füßen hatte, legte mit jedem Schritt sieben Meilen zurück, also mit zehn Schritten nicht weniger als siebzig Meilen. Da ist die Eisenbahn nichts dagegen, obwohl wir uns so viel darauf einbilden. Mit diesen Siebenmeilenstiefeln stieg der Riese über Berg und Tal, hin und her, die Kreuz und Quer, immer nach den Knaben suchend. Diese waren schon in der Nähe ihrer Heimat, als sie den fürchterlichen Mann daherstiefeln sahen, über hohe Berge und breite Ströme und unendliche Wälder dahinschreitend, als wäre es nichts. Ach, da wurde ihnen ganz weh zumute. Sie befanden sich gerade an einem Felsen mit einer Höhle. Da schob sie Däumling alle hinein und sich auch, nur daß er das kleine Köpfchen herausstreckte, um zu be-

obachten, was der Schreckliche anfangen oder ob er sich aus der Gegend verziehen werde.
Der Riese, der in seiner Wut arg hin und her gelaufen war, fühlte sich etwas müde, legte sich auf den Felsen, entschlief und schnarchte bald so fürchterlich wie in der letzten Nacht. Däumling, der dieses Geschnarch schon kannte, sagte zu seinen Brüdern: „Jetzt ist nichts zu fürchten; macht euch auf die Strümpfe, laufet nach Hause, grüßet mir Vater und Mutter und seid meinetwegen nicht besorgt. Ich werde mit so einem Kerlchen wie der Riese schon fertig. Selbst ist der Mann!" Die Buben liefen, was sie konnten, und waren bald zu Hause. Däumling aber zog dem Riesen sachte, sachte die Siebenmeilenstiefel von den Füßen und zog sie selber an. Sie saßen ihm wie angegossen, denn sie hatten die Eigenschaft, sich nach Bedürfnis auszudehnen oder zusammenzuziehen, und paßten auf den Fuß jedes jeweiligen Besitzers.
„So", sagte der Däumling, „die hätten wir denn. Jetzt wollen wir sehen, wie weit wir es mit Siebenmeilenstiefeln bringen. Ein Esel, wer an der Krippe steht und nicht frißt, wer die Mittel zum Glück hat und nicht sein Glück macht." So sprechend, war er bereits auf dem Wege zu dem Hause des Riesen, und er hatte noch nicht ausgesprochen, so stand er schon vor dessen Tür.
„Euer Mann, gute Frau", sagte er zu dem Weib des Menschenfressers, „ist mehreren noch stärkeren Riesen in die Hände gefallen, die ihm den Hals abschneiden wollen, wenn er nicht seine ganze Barschaft ausliefert. Im Augenblick der Gefahr sah er mich vorbeikommen, und als alten Bekannten bat er mich, die Bestellung an Euch auszurichten. Und weil es Eile hat, und zugleich, um mich bei Euch zu beglaubigen, gab er mir die Siebenmeilenstiefel, die Ihr da an meinen Füßen seht und die mir prächtig sitzen, saget selbst, wie angegossen. Also nicht lange gefadelt und heraus mit allem Baren!"
Die gute Frau besann sich nicht lange und gab alles her, und mit den Schätzen beladen, eilte der Däumling heim zu Vater, Mutter und Brüdern, und das war wieder einmal eine Freude des Wiedersehens, daß es nicht zu sagen ist.

Mit den Schätzen des Riesen konnten nun die armen Leute trotz aller Hungersnot herrlich und in Freuden leben, und das taten sie auch gewissenhaft und luden alle armen Leute und Nachbarn dazu ein. Aber Däumling sagte: „Ich bin keine Schnecke, die immer das Haus auf dem Buckel hat, und wenn man Siebenmeilenstiefel hat, muß man seinen Weg machen. Das ist nur recht und billig. Ich gehe zum König und werde Kurier!"

Der König war über die Maßen froh, einen solchen Kurier zu haben, der ihm täglich einigemal Nachricht von seiner Armee, die fern im Felde stand, bringen konnte, denn schon damals waren die Leute so dumm, Kriege zu führen. Es war für den König sehr bequem, seine Soldaten von seiner Stube aus kommandieren zu können, vor den Kugeln sicher, nichts von Regen und Kälte und Ermüdung zu leiden und doch ein großer Feldherr zu sein. Dafür war er dem Däumling sehr dankbar und bezahlte ihm jeden Weg aufs beste. Als endlich der Friede geschlossen und der König vor die Stadt geritten war, um einen feierlichen Einzug in die Stadt zu halten, ernannte er den Däumling zum Gesandten.

So war der kleine Däumling ein großer Herr geworden, und in seinem Wappen standen in goldenen gotischen Lettern die Worte: Selbst ist der Mann!

Das Rotkäppchen

Es war einmal ein kleines Mädchen, ein herziges Ding, das alle Welt liebhatte. Am liebsten hatte es die Großmutter, die kaufte ihm ein Mäntelchen mit einer roten Kapuze daran, und danach hieß es Rotkäppchen. Eines Tages, da die Mutter Kuchen gebakken, sagte sie zu Rotkäppchen: „Rotkäppchen, die Großmama ist krank, geh hin und erkundige dich, wie es ihr geht, und bringe ihr hier von den schönen Kuchen, solange sie noch frisch sind, und etwas Wein und Butter dazu und allerlei gute Sachen, die ich in das Körbchen packe."

Rotkäppchen ging immer gerne zur Großmutter, obwohl es ein langer Weg war, denn man weiß es ja, wie die Großmütter die Enkelchen lieben, und das Enkelchen möcht ich sehen, das nicht auch die Großmutter liebhätte. Ehe es ging, sagte noch die Mutter: „Kind, Kind, gehe immer geradeaus, sieh nicht rechts, nicht links, und lasse dich durch niemanden vom geraden Weg ablocken!"

So ungefähr sagen ja die Mütter immer, wenn die Töchter hinausgehen. Manchmal nützt es, öfter auch nicht, denn die besten Reden sind ja aus Luft gemacht.

Wie Rotkäppchen in den Wald kam, begegnete ihr der Gevatter Wolf. Sie hatte keine Angst, denn sie war ein unschuldiges Ding,

das noch nicht wußte, was ein Wolf ist. Er aber verstand sich ganz wohl auf einen guten Bissen, und er hätte sie am liebsten gleich aufgefressen, wenn nicht Leute in der Nähe gewesen wären, die er fürchtete. Da machte er sich so an sie, wie man zu tun pflegt, mit gleichgültigen und freundlichen Reden.
„Guten Morgen, Rotkäppchen! Wohin des Weges?"
„Danke schönstens! Ich gehe zur Großmutter, die ist krank, und ich bringe ihr frischgebackene Kuchen von meiner Mutter und Butter und Wein und allerlei gute Sachen."
„Wohnt sie weit von hier, deine Großmutter?"
„O ja, recht weit, hinter dem Walde, an der Mühle vorbei, im ersten Hause vor dem Dorfe."
„Nun, da sie krank ist", sagte der Wolf und legte fromm die beiden Vordertatzen ineinander, „nun, da sie krank ist, will ich sie auch besuchen. Ich mache gerne Krankenbesuche, tröste die Leidenden und spreche ihnen von Gottes Wort. Gehe du nur geradeaus, liebes Rotkäppchen, sieh nicht rechts, nicht links, und lasse dich durch niemand vom geraden Wege ablocken. Ich will nur noch einen Krankenbesuch machen, dann komme ich dir nach."
Der gute Wolf, dachte Rotkäppchen, er spricht gerade wie meine Mutter. Aber wieviel muß er zu tun haben, wenn er alle Leidenden trösten will. Es gibt doch recht gute Seelen! Und wie er sich beeilt, um Gutes zu tun! Läuft er doch, als könnte er es nicht erwarten.
Während sie so dachte, lief der Wolf in der Tat, was er laufen konnte, aber nur um Rotkäppchen einen Vorsprung abzugewinnen und vor ihr bei der Großmutter anzukommen.
Rotkäppchen sah viele schöne Blumen im Walde stehen, die pflückte sie und steckte sie in die Butter und in die Kuchen. Dann wand sie Kränzchen und schlang sie um die Flasche, um alles recht schön aufzuputzen. Dann guckte sie manchem Vöglein ins Nest und wunderte sich, wie die Jungen die gelben Schnäbel so weit aufmachten. Sie brach kleine Kuchenstücke ab und steckte sie ihnen hinein.
So, dachte sie, tue ich auch etwas Gutes, denn die Vöglein sind gewiß hungrig. Wein darf ich ihnen nicht geben, ich bekomme ja auch keinen, denn der ist nicht für die Jugend.

Der Wolf hatte indessen seine Zeit nicht verloren mit Blumenpflükken, Kränzleinwinden, Nestleingucken – denn die Bosheit eilt, als

ging's ins Paradies – und war vor dem Hause der Großmutter angekommen und klopfte an die Türe: Top! Top!
„Wer ist draußen?" fragte die Großmutter mit ihrer schwachen Stimme.
„Ich bin es, das Rotkäppchen. Ich bringe dir Wein und Kuchen und allerlei gute Sachen."
„Drücke die Klinke, und sie wird springen!"
Der Wolf drückte die Klinke, und sie sprang, und er warf sich auf die arme Großmutter und verschlang sie in einer Minute, als wäre es nichts. Dann tat er ihre Kleider an, setzte ihre Haube auf, zog sie tief ins Gesicht, schloß die Türe, legte sich in das warme Bett und wartete.
Hat schon die alte magere Großmutter gut geschmeckt, dachte er, wie wird erst das appetitliche Rotkäppchen schmecken. Ich sehne mich nach ihr, ich liebe sie zum Fressen.
Rotkäppchen ließ nicht lange auf sich warten. Top! Top!
„Wer ist draußen?" fragte der Wolf und gab sich alle Mühe, die Stimme der Großmutter nachzuahmen.
„Ich bin es, das Rotkäppchen. Ich bringe dir Wein und Kuchen und allerlei gute Sachen und viele Blumen."
„Drücke die Klinke, und sie wird springen!"
Rotkäppchen drückte die Klinke und trat ein. Die Stimme der Großmutter klang ihr etwas verdächtig, und in der Stube war eine sonderbare Luft, fast wie in einer Menagerie. Es wurde ihr eigentümlich zumute. Ahnung nennt man das, und wie es heißt, empfindet das jeder, der gefressen werden soll. Sie wußte gar nicht, was tun und sagen, und sah sich ganz ängstlich in der Stube um. Der Wolf zog die Decke übers halbe Gesicht, und anstatt sie gleich zu fressen wie die Großmutter, sagte der alte Sünder mit verstellter Stimme: „Mein liebes Rotkäppchen, stelle die Sachen hin, kleide dich aus und lege dich zu mir ins Bett."
Zitternd gehorchte das Rotkäppchen, kleidete sich aus und legte sich ins Bett zu dem alten Sünder. Ach, dachte sie, es ist mir, als hätte ich unrecht getan, daß ich der Mutter nicht gehorchte und daß ich nicht den geraden Weg gegangen bin. Und wie sie die

Decke aufhob, war sie erstaunt über das Aussehen der Großmutter.
„Aber Großmutter, was hast du für lange Arme?“
„Daß ich dich besser umarmen kann.“
„Aber Großmutter, was hast du für lange Ohren?“
„Daß ich dich besser hören kann.“
„Aber Großmutter, was hast du für große Augen?“
„Daß ich dich besser sehen kann.“
„Aber Großmutter, was hast du für ein entsetzliches Maul?“
„Daß ich dich besser fressen kann.“
Und wie er das sagte, fraß er sie auf.
Aber das wäre eine ganz traurige Geschichte, wenn sie so enden sollte, und da gäbe es ja gar keine Gerechtigkeit auf Erden, wenn die Wölfe die Rotkäppchen so ungestraft fressen könnten. Gerechtigkeit muß sein. Und so war es. Der Wolf schlief ein, als hätte er das beste Gewissen, denn sein Grundsatz war:

Ein guter Bissen
ist das beste Ruhekissen –

und schnarchte, daß der Wald davon widerhallte. Dieses Schnarchen war sein Verderben. Der Jäger hörte es und kam herbei, ohne zu wissen, daß er in diesem Moment die göttliche Gerechtigkeit vorstellte, wie es überhaupt wenige Menschen wissen, was sie vorstellen. Erst glaubte er, es sei die alte Frau, die so schnarchte. Wie er aber sah, daß es der Wolf war, sagte er sich gleich, daß er gewiß etwas im Leibe habe, zog leise sein großes Messer hervor und schnitt ihm den Bauch auf. Da sprang nicht nur das Rotkäppchen, sondern auch die Großmutter heraus.
Der Wolf, dem nichts so unangenehm war wie ein leerer Bauch, erwachte und machte große Augen, als er die Großmutter und Rotkäppchen vor sich stehen sah. Er war sehr empört, daß man es wagte, ihm wieder zu nehmen, worauf er sich mit seinen Zähnen ein Recht erworben. Er wollte eben seine Stimme erheben, um sich zu widersetzen und sein Recht zu wahren, als ihn der Jäger niederschoß. „Denn“, sagte der Jäger, „das Laster muß am Ende bestraft werden, anders geht es nicht.“

Rotkäppchen aber wich nie wieder vom geraden Wege ab, und der Großmutter hatten der heilsame Schreck und der Aufenthalt im warmen Leibe des Wolfes sehr gut getan, daß sie nie wieder den Schnupfen bekam. So wurde beiderseitig die Unschuld gerettet. Damit aber auch die Tugend belohnt wurde, trank der Jäger allen Wein aus, den Rotkäppchen mitgebracht hatte.

Aschenputtel oder Das gläserne Pantöffelchen

Vor Zeiten war einmal ein Edelmann, der sich zum zweiten Male verheiratete, und zwar mit der stolzesten und hochmütigsten Frau von der Welt. Sie brachte zwei Töchter in die Ehe mit, die ganz ihrer würdig und ihr in allen Dingen ähnlich waren, denn der Apfel fällt bekanntlich nicht weit vom Stamm. Der Edelmann seinerseits hatte ebenfalls eine Tochter, das sanfteste, gutmütigste Geschöpf, das man sich vorstellen kann, das rechte Ebenbild der seligen Mutter, die die Güte selbst gewesen. Warum besagter Edelmann nach einer so guten Frau eine so böse geheiratet, ist unbekannt. Diese Erscheinung wiederholt sich oft in der Welt, daß man zu der Annahme geneigt ist, das Leben an der Seite einer guten Frau sei den Männern langweilig und sie hätten eine wahre Sehnsucht nach dem männerbeherrschenden Pantoffel.

Die Stiefmutter war kaum ins Haus gekommen, als sie ihre bösen Launen schon an der vorgefundenen Stieftochter ausließ, da neben dieser die schlechten Eigenschaften ihrer rechten Töchter desto greller abstachen. Die niedrigsten Verrichtungen im Hause wurden ihr aufgetragen. Sie mußte Teller, Töpfe und Schüsseln spülen, die Treppen waschen, die Zimmer der Frau und ihrer Töchter wichsen. Sie schlief im Dachstübchen auf schlechtem Strohsack, während die Schwestern in parkettierten Zimmern wohnten, welche mit den modischsten Himmelbetten ausgestattet waren und mit so großen Spiegeln, daß sie sich daran vom Wirbel bis zur Zehe betrachten konnten. Das arme Kind ertrug alles mit der größten Geduld, und dem Vater klagte es nicht, weil er es sonst gezankt hätte. So sehr stand er unter dem Pantoffel, der arme Mann. Wenn sie mit ihrer Arbeit fertig war, setzte sie sich in einen Winkel oder in die Asche am Herde, und daher kam es, daß man sie im Hause Aschenputtel nannte. Bei all dem war Aschenputtel in ihren schlechten Kleidern tausendmal schöner als die Stiefschwestern in ihren Prachtgewändern.

Da begab es sich, daß der Sohn des Königs ein Fest veranstaltete und daß er alle Personen vom Stande dazu einlud. Auch unsere zwei Fräulein waren gebeten, denn sie galten für sehr vornehm im Lande und machten viel von sich reden. Man kann sich denken, wie es da im Hause herging. Das arme Aschenputtel hatte nicht genug Füße, um zu laufen, und nicht genug Hände, um zu waschen, zu nähen, zu plätten. Tag und Nacht war nur von Putz und wieder Putz die Rede. Man beratschlagte, als ob es sich um das Heil der Welt handelte, und man ergrimmte und erzürnte sich wohl zwanzigmal des Tages über Dinge, die nicht den Wert eines Stecknadelkopfes hatten.

„Ich", sagte die ältere, „ich ziehe mein rotes Samtkleid an und meine Brüsseler Spitzen."

„Ich", sagte die jüngere, „ich nehme ein gewöhnlicheres Kleid, dafür aber binde ich meine Schleppe mit Goldblumen und tue mein diamantenes Halsband an, das auch nicht bitter ist."

Man berief die teuersten Haarkünstler und bestreute sich Haare, Hals und Nacken mit Goldstaub. Aschenputtel verstand sich vortrefflich darauf, und ihre Schwestern zogen sie gern zu Rate und ließen sich auch von ihr den Kopfputz aufsetzen. Sie gab ihren be-

sten Rat und verwandte auf den Kopfputz ihren besten Geschmack, denn dazu war sie zu gut, um absichtlich einen schlechten Rat zu geben oder den Kopfputz schief aufzusetzen, was hundert andere an ihrer Stelle getan hätten, um sich an den bösen Schwestern zu rächen.

Während sie ihnen das Haar strählte, fragten sie: „Aschenputtel, du gingest wohl auch gerne auf den Ball?“

„Ach, meine Fräulein, Ihr macht Euch wohl lustig über mich armes Ding? So was wäre viel zuviel für mich.“

„Du hast recht, so ein Aschenputtel auf dem Hofball würde sich komisch ausnehmen.“

Mehr als zwei Tage konnten die Stiefschwestern vor lauter Freude keinen Bissen hinunterbringen, und mehr als ein Dutzend Schnürriemen zerrissen, so eng ließen sie sich die Mieder zusammenziehen, und beständig standen sie vor dem Spiegel und malten sich aus, wie sehr man sie bewundern werde. Endlich brach der große Tag an. Man fuhr ab, und Aschenputtel sah ihnen nach, als der Wagen längst um die Ecke verschwunden war.

Zuletzt konnte sie gar nichts mehr sehen, denn die Tränen stürzten ihr aus den Augen hervor.

Ihre Pate, die sie weinen hörte, kam herbei und fragte, was ihr fehle.

„Ich möchte – ich möchte“, mehr konnte sie vor Weinen nicht herausbringen.

Man braucht gerade keine Fee zu sein, wie es die Pate wirklich war, um zu erraten, was ihr fehlte, und sie sagte: „Du möchtest wohl auch gern auf den Ball?“

„Ach ja!“ erwiderte Aschenputtel mit einem tiefen Seufzer.

„Nun gut, wenn du brav bist, will ich's wohl möglich machen.“

Sie führte sie auf ihre Stube und sagte: „Jetzt gehe in den Garten und hole einen Kürbis.“

Aschenputtel lief und holte den schönsten, den sie finden konnte, obwohl sie nicht einsah, wie der Kürbis mit dem Ball zusammenhing. Aber sie war ein gläubiges Gemüt, und ein solches fragt nicht viel und tut, was man ihm befiehlt. Die Pate höhlte den Kürbis aus, ließ nur die dicke Schale stehen, schlug sie mit ihrem Zauberstäbchen, und siehe da, eine vergoldete Karosse stand da, daß es eine Pracht war. Dann ging sie an die Mausfalle, in der sich gerade sechs schöne, lebendige Mäuse gefangen hatten. Sie befahl Aschenputtel, die Klappe ein wenig in die Höhe zu ziehen, und jeder Maus, die herauskam, gab sie mit dem Zauberstäbchen einen kleinen Klaps, und jede Maus verwandelte sich sofort in einen kostbaren Grauschimmel, was im ganzen ein herrliches Sechsgespann von gleichen mausgrauen Apfelschimmeln ergab. Da sie nicht gleich wußte, wo einen entsprechenden Kutscher hernehmen, sagte Aschenputtel: „Ich will einmal nachsehen, ob sich in der Rattenfalle nicht vielleicht eine Ratte findet, die man in einen Kutscher verwandeln könnte.“

„Sehr klug“, sagte die Pate, „sieh einmal nach.“

Aschenputtel brachte die Rattenfalle, und siehe da, es fanden sich drei ganz stattliche Ratten darin. Eine der drei hatte einen sehr fragwürdigen Bart; die berührte die Pate, und es gab einen so bärtigen Kutscher, wie sich ihn nur ein Gesandter wünschen kann. Dann sagte sie: „Geh wieder in den Garten und hole mir drei Eidechsen, die du hinter der Gießkanne finden wirst.“ Aschenputtel hatte sie kaum herbeigebracht, als sie die Pate schon in ebenso viele galonierte, betreßte Bediente verwandelte, die sich so steif und stumm hinter der Karosse aufpflanzten, als hätten sie ihr Lebtag nichts anderes getan.

„Nun“, sagte die Fee, „da ist der Pracht genug, um auf den Hofball zu gehen. Bist du zufrieden?“

„Freilich – aber – aber – in diesen Kleidern –“

Die Pate berührte sie mit ihrem Stäbchen, und sie stak in einer Toilette, die wir nicht weiter beschreiben wollen, um dem armen Aschenputtel nicht das gesamte weibliche Geschlecht zu Feinden zu machen; und dazu gab ihm die Pate noch ein Paar gläserne Pantöffelchen, ein wahres Wunder der Schuh- und Glasmacherei.

So aufgeputzt stieg sie in die Karosse, und ehe sie abfuhr, empfahl ihr die Pate aufs dringlichste, den Ball ja vor Mitternacht zu verlassen, widrigenfalls sich ihr Wagen wieder in einen Kürbis, die

Pferde in Mäuse, der Kutscher in eine Ratte, die Bedienten in Eidechsen und ihre prächtigen Kleider in die alten schmutzigen Lumpen verwandeln würden.

Aschenputtel versprach zu tun, wie die gute Pate befahl, und fuhr ab, das Herz voll Glückseligkeit.
Als dem Prinzen die Ankunft einer mächtigen, aber unbekannten Prinzessin gemeldet wurde, eilte er höchstselbst die Treppe hinab, um sie zu empfangen, reichte ihr die Hand beim Aussteigen und führte sie in den Saal. Da wurde es mit einem Male ganz stille, mäuschenstille. Alles hörte auf zu tanzen, die Violinen hörten auf zu spielen, und man tat gar nichts anderes, als die außerordentliche Schönheit der großen Unbekannten betrachten. Höchstens daß man hie und da den Ausruf hörte: „Oh, wie schön ist sie!"
Selbst der alte König meinte, daß er seit langem keine so schöne und anmutige Person zu Gesicht bekommen. Darauf seufzte er und die Königin auch. Die Damen studierten vorzugsweise Stoff und Schnitt der Kleider sowie den Kopfputz der fremden Prinzessin, um gleich morgen alles genau nachmachen zu lassen. Denn die Frauen meinen immer, der Anzug tue es und sie würden geradeso schön sein wie die schönste Person, wenn sie nur erst auch so gekleidet wären.
Der Prinz führte Aschenputtel auf den höchsten Ehrenplatz, dann bat er sie um einen Tanz, und sie tanzte mit solcher Anmut, daß man sie noch mehr bewunderte als zuvor. Bei Tische brachte der Prinz keinen Bissen herunter, so sehr war er in Betrachtung der großen Schönheit verloren, und so stark hatte sich bei ihm schon jene Appetitlosigkeit eingestellt, welche als ein bedrohliches Zeichen der hitzigen Liebeskrankheit vorauszugehen pflegt. Aschenputtel setzte sich neben ihre Schwestern, überhäufte sie mit Liebenswürdigkeiten und gab ihnen von den Zitronen und Orangen, die ihr der Prinz vorlegte, was die beiden sehr verwunderte, weil sie Aschenputtel nicht erkannten. Da schlug es ein Viertel vor Mitternacht. Rasch erhob sich Aschenputtel, machte der ganzen Gesellschaft einen tiefen Knicks und entfernte sich, so schnell sie konnte. Zu Hause angekommen, lief sie sogleich zu der guten Pate, dankte ihr für alles Genossene und sagte ihr, daß sie morgen wohl wieder auf den Ball zu gehen wünschte, da sie der Prinz so sehr darum gebeten. Und wie sie im besten Erzählen war, pochten die

Schwestern an die Türe. Aschenputtel lief und öffnete, und gähnend, als ob sie eben aus dem Schlaf erwacht wäre, sagte sie: „Ach, wie lange seid Ihr ausgeblieben!"

„Wärest du mit uns gewesen", antwortete die eine, „die Zeit hätte dir nicht lange geschienen. Es war eine wunderschöne Prinzessin auf dem Balle, die schönste Prinzessin, die man sich nur vorstellen kann. Sie war überaus gnädig gegen uns und gab uns Zitronen und Orangen."

Aschenputtel wupperte bei diesen Worten das Herz vor Freude. Sie fragte nach dem Namen der Prinzessin, aber sie antworteten, daß sie ganz unbekannt sei, daß sich der Prinz darüber höchlichst gräme und daß er alles dafür gäbe, wenn er nur wüßte, wer sie wäre. Aschenputtel lächelte unter der Nase und sagte: „War sie wirklich so schön? Mein Gott, wie glücklich seid Ihr! Könnte ich sie denn gar nicht zu sehen bekommen?"

Tags darauf gingen die Schwestern wieder auf den Ball. Aschenputtel auch, nur noch viel schöner und prächtiger aufgeputzt als das erstemal. Der Prinz wich nicht von ihrer Seite und sagte ihr die süßesten Sachen, die jedes Mädchen gerne hört und die auch Aschenputtel gerne hörte. Sie hörte so aufmerksam zu, und die Zeit verging ihr so rasch, daß sie ganz die Warnungen und Anempfehlungen der Pate vergaß, und plötzlich ertönte der erste Glockenschlag der Mitternacht, als sie glaubte, es sei noch nicht elf Uhr. Erschrocken sprang sie auf und floh mit der Leichtigkeit eines Rehs davon. Der Prinz ihr nach, aber er konnte sie nicht erreichen. Er erwischte nichts als einen der gläsernen Pantoffeln, den Aschenputtel auf der Flucht fallen gelassen. Ganz außer Atem kam sie zu Hause an, ohne Karosse, ohne Bediente, ohne Prachtkleider, in ihre alten Lumpen gehüllt wie sonst. Nichts war ihr geblieben als ein Pantoffel, dessen Bruder ihr vom Fuße gefallen war. Im Schlosse fragte man die Türsteher, ob sie nicht eine wunderschöne Prinzessin hätten hinausgehen sehen.

Sie antworteten, daß sie nichts gesehen hätten als ein schlecht gekleidetes Mädchen, das eher einer Bäuerin als einer Prinzessin ähnlich gewesen.

Als die Schwestern vom Balle heimkamen, fragte Aschenputtel sie, ob sie sich denn gut unterhalten hätten und ob die schöne Dame wieder dagewesen sei. Sie sagten ja! und fügten hinzu, daß aber die schöne Dame mit Schlag Mitternacht auf und davon gegangen und daß sie auf ihrer Flucht das reizendste Glaspantöffelchen von der Welt habe fallen lassen, daß der Prinz es aufgehoben und daß er in die Besitzerin des Glaspantöffelchens ganz verliebt sei.
Das mußte wohl wahr sein, denn wenige Tage darauf wurde unter Trompetenstößen überall kundgetan, daß der Prinz diejenige heiraten werde, deren Fuß in das Glaspantöffelchen passe. Man fing mit der Probe des Pantoffels bei den Prinzessinnen an, dann bei den Herzoginnen, dann bei allen Hofdamen – überall umsonst. Man brachte dann das Pantöffelchen zu den beiden Schwestern, die alles mögliche taten, um ihre Füße hineinzuzwängen, aber sie konnten es nicht durchsetzen. Aschenputtel, die ihren Pantoffel erkannte, sah lächelnd zu und sagte: „Wie wäre es, wenn ich es auch einmal versuchte?"
Die Schwestern brachen in lautes Gelächter aus und wollten sie zur Tür hinaustreiben. Aber der mit der Pantoffelprobe beauftragte außerordentliche Gesandte betrachtete Aschenputtel genauer, blickte mit scharfen Augen mitten durch Lumpen und Schmutz, fand sie sehr schön und meinte, es sei nichts wie billig und er habe Auftrag, den Pantoffel ohne Ansehen der Person und des Standes alle Mädchen probieren zu lassen. Er bat Aschenputtel, sich gefälligst hinzusetzen, kniete vor ihr nieder, schob das Pantöffelchen über ihre Zehen – und siehe da, es saß wie angegossen. Das Erstaunen der beiden Schwestern war groß, sehr groß, und es wurde noch größer und allgemeiner, als Aschenputtel mit einem Male auch den andern Glaspantoffel aus der Tasche zog und ihn, wie nichts, über den andern Fuß schob. Dazu kam noch zur rechten Zeit die Pate, berührte Aschenputtel mit dem Zauberstäbchen, und so geputzt saß sie da, daß die Prachtgewänder der zwei Ballabende nichts dagegen waren.
Jetzt erst ging den beiden Schwestern ein Licht auf. Sie erkannten die schöne Person, die ihnen Zitronen und Orangen gegeben, war-

fen sich ihr zu Füßen und baten um Vergebung für die schlechte Behandlung, die sie ihr bisher hatten angedeihen lassen. Gute Menschen werden durch das Glück immer besser, und so hob Aschenputtel die bösen Schwestern auf, drückte sie ans Herz, versicherte sie ihrer Liebe und versprach, die ganze Vergangenheit zu vergessen. Der Prinz, der in einiger Entfernung folgte, stürzte herbei, fand Aschenputtel schöner als je und heiratete sie wenige Tage darauf. Daß sie nun sehr glücklich war und eine große Königin wurde und ihren Stiefschwestern alles mögliche Gute tat – das versteht sich alles von selbst.

Der gestiefelte Kater

Erbschaft allein tut's nicht. Kleines Erbe hat oft schon mehr genützt als großes, und keines mehr als kleines. Auf eigenen Füßen kommt man weiter als auf Stelzen, und eigene zwei Beine sind sicherer als die vier eines Rosses, das tausend Louisdor kostet. Wir alle kennen Millionäre, deren Väter nicht das Brot hatten, und Bettler, deren Großväter in Palästen wohnten. Etwas Grütze im Kopf ist mehr wert als große Ländereien außerhalb des Kopfes – und etwas Mutterwitz mehr als alles Mütterliche und Väterliche zusammengenommen. Der erste Taler ist schwerer zu verdienen als die zweite Million, und alle Millionen sind leichter auszugeben als der erste Taler zu erwerben. Und Behalten ist bekanntermaßen noch schwerer als Erwerben.

Ein Müller hatte drei Söhne, und den drei Söhnen hinterließ er eine Mühle, einen Esel und eine Katze. Der älteste nahm nach dem Rechte der Erstgeburt die Mühle, der zweite den Esel – blieb für den jüngsten nichts als die Katze. Das war eine leichte und natürliche Teilung, und die Advokaten und Gerichte verdienten nicht viel dabei.

„Eine Katze!" rief der jüngste unzufrieden, „eine Katze! Was tu ich mit einer Katze? Das ist für die Katz! Wär's noch eine Geldkatze! Was nützt es mir, daß die Katze Mäuse fängt, fressen doch die Mäuse nicht meinen Speck! Schlage ich sie tot, habe ich höchstens ein Katzenfell, aus dem ich mir eine Pelzmütze machen lasse, während ich mit nackten Füßen herumlaufe. Was nützt ein warmer Kopf bei kalten Füßen? Wenn ich zum Fenster hinaussehe, werden die Leute sagen, der hat's gut, er hat eine Pelzmütze! – Aber wer mich ganz sieht, wird über mich lachen oder mich bedauern."

So dachte er nach Art der Leute, die mit ihrem Los wie mit ihrer Erbschaft unzufrieden sind. Der Kater, der ihm zuhörte, tat nichts dergleichen, spielte nicht den Beleidigten und sagte mit einer

züge herbeischaffe. Er überhäufte den Marquis währenddem mit allen möglichen Gunstbezeugungen, und da die Kleider, die man indessen herbeibrachte, ihm, der ohnehin schon von Natur ein schöner Junge war, trefflich standen, fand ihn die Königstochter ganz nach ihrem Geschmack. Der Marquis von Habenichts brauchte ihr nur einige aus Hochachtung und Zärtlichkeit gemischte Blicke zuzuwerfen, um sie ganz und bis zur Narrheit verliebt zu machen.
Der König lud ihn ein, in den Wagen zu steigen und an der Spazierfahrt teilzunehmen. Da saß er nun der Prinzessin gegenüber und so nahe, daß sie als kurzsichtige Person in seinen Augen hätte lesen können, was drin stand und nicht stand. Jetzt, dachte der Kater, jetzt blüht unser Weizen! und lief, was er konnte, dem Wagen des Königs voraus, bis er an eine große Wiese kam, die eben von den Bauern abgemäht wurde. Er stellte sich in ihre Mitte und hielt eine gewaltige Volksrede, in der er ihnen alles mögliche Gute versprach und die so endete: „Edles Volk, Bürger, freie Menschen, ehrliche Landleute! So ihr jetzt, wenn der König, unser allergnädigster Herr, hier vorbeikommt, nicht alle und einstimmig behauptet, daß diese Wiese, die ihr hier abmähet, dem edlen Marquis von Habenichts gehört und von jeher gehört hat, so werdet ihr samt und sonders ohne Gnade und Barmherzigkeit in die Pfanne gehauen!"
Nachdem er so die Volksstimme – Volkesstimme, Gottesstimme, dachte er bei sich – vorbereitet hatte, eilte er weiter, damit der König ja nicht sehe, auf welche Weise das Volk für seine Abstimmung dressiert wurde.
Der König verfehlte nicht, die braven Landleute zu fragen, wem die Wiese gehöre.
Sie antworteten alle aufs freimütigste: „Unserem gnädigen Herrn, dem Marquis von Habenichts."
„Sie haben da ein recht schönes Stück Landes, Herr Marquis!" bemerkte der König.
„Zu dienen, Majestät, ein recht einträgliches Stück Feld!" schmunzelte der Marquis bescheiden.
Der gestiefelte Kater, immer dem Wagen des Königs voraus, be-

gegnete wieder Landleuten, die auf einem Felde ernteten. Er hielt wieder eine herrliche Volksrede, die wieder so endete: „So ihr nicht, wenn der König, unser allergnädigster Herr, hier vorbeikommt, alle und einstimmig behauptet, daß all diese Kornfelder dem edlen Marquis von Habenichts gehören und immer gehört haben, so werdet ihr samt und sonders ohne Gnade und Barmherzigkeit in die Pfanne gehauen!"

Der König, der gleich darauf vorüberfuhr, tat, wie er gewohnt war, fragte und erhielt die anbefohlene Antwort, indem alle Bauern zusammen schrien: „Diese Felder alle gehören und haben immer gehört unserem gnädigen Herrn, dem Marquis von Habenichts!"

Der König sagte dem Marquis aufs neue Schmeichelhaftes über die Größe, Schönheit und Einträglichkeit seiner Besitzungen. Der Kater lief immer voraus, befahl allen, denen er begegnete, dasselbe, und der König staunte mehr und mehr über den großen Reichtum und die ausgedehnten Ländereien des Herrn Marquis von Habenichts.

So kam der Kater, immer vorauseilend, vor das Schloß eines der reichsten Oger, dem alle die Güter, die der König auf seinem Wege bewunderte, gehörten. Der Kater hatte sich betreffs der Person und der Fähigkeiten des Ogers genau unterrichtet und bat um eine Audienz, indem er versicherte, daß er am Schlosse Seiner Herrlichkeit unmöglich vorbeireisen könne, ohne hochderoselben seine Aufwartung gemacht zu haben.

Der Oger empfing ihn so freundlich, wie ein Oger sein kann, und lud ihn ein, sich zu setzen. „Man erzählt sich im Volke", nahm der Kater das Wort, „daß Euer Gnaden die Kunst besitzen, jede beliebige Tiergestalt anzunehmen, zum Beispiel sich in einen Elefanten oder Löwen zu verwandeln. Das wird wohl eine Sage sein, wie man sie von bedeutenden Männern zu erzählen pflegt. Ich gestehe, daß ich dergleichen als aufgeklärter Kater nicht glauben kann."

„Nicht glauben!" rief der Oger entrüstet, „du wirst wohl daran glauben müssen!" Und augenblicklich verwandelte er sich in einen Löwen.

Den Kater ergriff ein solcher Schreck, daß er zum Fenster hinaussprang und sich über die Dachrinne retten wollte, wobei er, von seinen für dergleichen Wege nicht gebauten Stiefeln behindert, beinahe den Hals gebrochen hätte. Erst als er das höhnische Ge-

Riquet mit dem Schopf

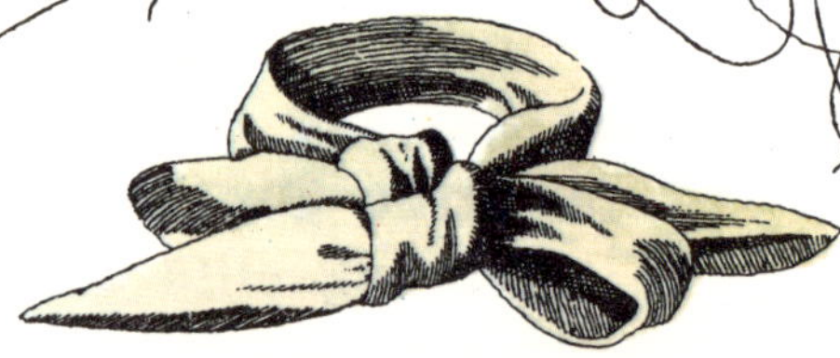

Riquet, der Königssohn, kam so häßlich und schlecht gebaut zur Welt, daß die Hofdamen, die sich mit dem bekannten: „O das prächtige Kind!“ oder: „O das liebe Kind!“ auf den Lippen der Wiege näherten, plötzlich verstummten und mit einem verlegenen Lächeln davonschlichen, um draußen vor der Türe, von der hohen Wöchnerin ungesehen, die Hände über dem Kopfe zusammenzuschlagen. Was ihn neben seiner Häßlichkeit noch auszeichnete, war ein Haarschopf über der Stirne, den er fix und fertig mit in die Welt brachte, weshalb man ihn auch Riquet mit dem Schopf nannte.

Die Königin war über die Häßlichkeit ihres Sohnes in Verzweiflung, aber die Fee, die ihr in der schweren Stunde Beistand leistete, tröstete sie und versicherte, daß der häßliche Junge nichtsdestoweniger einen liebenswürdigen Kavalier ausmachen werde, von wegen des vielen Geistes, den er haben werde. Und sofort beschenkte sie ihn auch mit der Fähigkeit, der Person, die er dermaleinst lieben werde, so viel Geist leihen zu können, als er selbst haben werde, ohne darum dümmer zu werden. Denn der Geist ist wie ein Licht, an dem sich viele hundert Lichter entzünden können, ohne daß darum das erste an Leuchtkraft verlöre.

Dieses tröstete die königliche Mutter ein wenig, und ganz beruhigte sie sich, als der kleine häßliche Prinz in der Tat bald die schön-

sten Zeichen von Geist und Verstand an den Tag legte. Er sagte so viele schöne Sachen, und er tat alles, was er tat, mit so viel Anmut und Geschick, daß man bei Hof und in der Stadt von nichts anderem zu erzählen wußte. Alle Welt war von ihm entzückt, und den Schopf über seiner Stirn erklärte man damit, daß so viel Geist in seinem Kopfe allein nicht Platz genug gehabt hätte und daß ihm daher die Natur den Schopf als eine besondere Vorratskammer beigegeben.

Als er ungefähr sieben bis acht Jahre alt war, setzte die Königin eines benachbarten Reiches zwei kleine Prinzeßlein auf einmal in die Welt. Diejenige, welche zuerst das Tageslicht erblickte, war so schön, so schön, daß die Königin vor Freude darüber beinahe den Verstand verloren hätte. Um der allzu großen Freude, die ihr hätte schaden können, einen Dämpfer aufzusetzen, versicherte die Fee, die ihr Beistand leistete – dieselbe, die bei der Geburt Riquets mit dem Schopf zugegen gewesen –, daß dafür gesorgt sei, daß die Bäume nicht in den Himmel wachsen und daß die Prinzessin ebenso dumm als schön sein werde. Die Königin hatte kaum Zeit, sich von dem Schrecken, den ihr diese Worte der Fee einflößten, zu erholen, als sie schon einen zweiten, weit ärgeren erleben sollte, denn die zweite Prinzessin, die jetzt zum Vorschein kam, war ein Ausbund von Häßlichkeit.

Die Königin war so verzweifelt wie jene andere, als sie Riquet mit dem Schopf gebar, und jammerte gewaltig.

„Euer Majestät können sich doch trösten“, meinte die Fee, „denn die Prinzessin wird so viel Verstand haben, daß man darüber ihre Häßlichkeit vergessen wird.“

„Gott gebe es“, seufzte die Königin, „aber könnte man nicht etwas tun, damit die andere, die so schön ist, auch ein klein wenig davon bekäme?“

„In dieser Beziehung“, versicherte die Fee, „bin ich ohnmächtig. Meine Macht erstreckt sich nur auf die Schönheit. Um Euer Majestät zu zeigen, daß ich mein möglichstes leisten will, beschenke ich die schöne Prinzessin mit der Kraft, eine beliebige Person mit Schönheit auszustatten.“

Wie nun die beiden Prinzessinnen heranwuchsen, wuchsen auch ihre guten Eigenschaften mit ihnen, und man sprach überall von der Schönheit der älteren und vom Verstande der jüngeren. Aber freilich wuchsen auch ihre Fehler mit den Jahren. Die jüngere wurde zusehends häßlicher, die ältere von Tag zu Tag dümmer. Sie wußte entweder gar nichts zu sagen, oder sie sagte eine Dummheit. Sie konnte nichts in die Hand nehmen, ohne es zu zerbrechen, sie trank kein Glas Wasser, ohne sich zu begießen, und von lernen war gar nicht die Rede. Schönheit besitzt gewiß eine große Anziehungskraft, trotzdem war die jüngere in jeder Gesellschaft immer obenauf. Anfangs sammelte man sich um die ältere, um sie anzusehen und ihre Schönheit zu bewundern, bald aber wandte man sich der jüngeren zu, um ihr zuzuhören, da sie stets ganze Feuerwerke von Witz losließ, und nach einer Viertelstunde war die Schöne allein, während sich alles um die Häßliche drängte. Die Dumme merkte das trotz aller Dummheit und hätte gern ihre ganze Schönheit für den halben Geist ihrer Schwester hingegeben. Die Frau Mutter war selbst dumm genug, ihr ihrer Dummheit wegen Vorwürfe zu machen, was der armen Prinzessin den größten Kummer verursachte.
Eines Tages, als sie sich mit ihrem Kummer in die Einsamkeit des Waldes zurückzog, trat plötzlich ein kleiner, sehr häßlicher, sehr unangenehm aussehender, aber prächtig gekleideter Mann auf sie zu. Diese aufgeputzte Vogelscheuche war der junge Prinz Riquet mit dem Schopf, der sich nach den Porträts, die man überall von der schönen Prinzessin verkaufte, in sie verliebt hatte und der eigens hierher kam, um sie leibhaftig zu sehen und mit ihr zu sprechen. Überaus froh, sie so allein zu finden, näherte er sich ihr auf die achtungsvollste und gebildetste Weise. Klug wie er war, bemerkte er bald ihre tiefe Traurigkeit und sprach: „Unbegreiflich, o Herrin, ist es, daß eine so schöne Person so traurig sein kann, wie es Euer Herrlichkeit zu sein scheinen, denn wahrlich, wie viele ausgezeichnet schöne Frauenzimmer ich in meinem Leben schon zu bewundern das Vergnügen hatte, so ist doch keine unter ihnen, die sich mit der Schönheit von Euer Gnaden im entferntesten zu vergleichen oder zu messen imstande sein dürfte."

„Ihr seid gütig, mein Herr“, sagte die Prinzessin und nichts weiter. „Schönheit“, nahm Riquet wieder das Wort, „ist ein so großer Vorzug, daß sie alles andere ersetzen muß. Wer Schönheit besitzt,

sollte sich meiner Meinung nach durch nichts betrüben lassen dürfen."
„Mir wäre es lieber", sagte die Prinzessin, „ich wäre so häßlich wie Ihr und hätte Verstand, statt schön zu sein, wie ich bin, und dabei so dumm, wie ich es leider ebenfalls bin."
„Nichts, Hoheit", sagte Riquet darauf, „nichts beweist so sehr, daß man Verstand hat, als der Glaube, keinen zu besitzen. Und es liegt in der Natur der Sache, daß wer Geist hat, immer nicht genug haben kann und sich einbildet, gar keinen zu haben."
„Das verstehe ich nicht", erwiderte sie, „ich weiß nur, daß ich sehr dumm bin, und das macht mich so außerordentlich traurig."
„Wenn es nichts ist als das, o Herrin, so kann ich Eurer Trauer leicht ein Ende machen."
„Wie wollt Ihr das anfangen?"
„Ich habe", sagte Riquet mit dem Schopf, „die Macht, so viel Geist, als der Mensch nur vertragen kann, derjenigen Person zu übermachen, die ich zu lieben gezwungen bin. Und da Ihr diejenige Person seid, so hängt es nur von Euch ab, so viel Geist zu bekommen, als der Mensch menschenmöglicherweise überhaupt haben kann – allerdings unter der einzigen Bedingung, daß Ihr mich gütigst heiraten wollt."
Die Prinzessin stand verblüfft und sagte nichts.
„Ich sehe", sagte Riquet mit dem Schopf schmerzlich lächelnd, „daß Euch dieser Antrag stutzig macht, und ich verwundere mich darüber nicht im mindesten, doch gebe ich Euch ein ganzes Jahr Bedenkzeit."
Die Prinzessin hatte so wenig Verstand und dabei so große Lust, welchen zu haben, daß sie sich das Ende eines Jahres gar nicht vorstellen konnte, und so ging sie auf den Antrag ein. Sie hatte kaum das Wort ausgesprochen, daß sie Riquet mit dem Schopf in einem Jahr heiraten wolle, als sie sich wie in einer anderen Haut fühlte. Sie war überrascht, mit welcher unglaublichen Leichtigkeit ihr die Gedanken kamen und sie dieselben aussprach, wie fein, gewandt und natürlich sie sich ausdrückte. Sie fädelte ein so lebhaftes und inhaltsreiches Gespräch ein, sie war so witzig, glänzend

und scharfsinnig, daß Riquet mit dem Schopf fast besorgt war, er habe ihr mehr Verstand gegeben, als er für sich behalten, was in Anbetracht der beabsichtigten Ehe nicht sehr vorsichtig gewesen wäre.

Bei Hofe konnte man sich über die plötzliche Verwandlung der Prinzessin nicht genug verwundern. Denn kommt es auch alle Tage vor, daß kluge Leute Dummheiten sagen oder sogar ganz dumm werden, so gehört die Verwandlung dummer Leute in geistreiche doch zu den größten Seltenheiten und ist etwas der Art höchstens alle tausend Jahre einmal vorgekommen. Die Prinzessin sagte jetzt ebenso viele Gescheitheiten, wie sie früher Albernheiten gesagt hatte. Das war eine allgemeine Freude und Lustbarkeit!

Nur die jüngere Prinzessin hatte keine Ursache, sich zu freuen, denn nunmehr hatte sie vor der älteren nichts voraus, und sie erschien jetzt neben ihr als nichts anderes denn als eine häßliche, verfehlte Kreatur.

Der König richtete sich nach dem Rate der plötzlich so klug gewordenen älteren Tochter. Manchmal schloß er sich stundenlang mit ihr ein, um ihre Ansichten über die wichtigsten Staatsangelegenheiten entgegenzunehmen und dann so zu tun, als wären es seine eigenen Ansichten. Da sich das Gerücht von dieser wunderbaren Umwandlung der Prinzessin rasch durch die Welt verbreitete, strömten die Prinzen von allen Seiten herbei, sich um die Hand einer so schönen und geistreichen Prinzessin zu bewerben. Aber unter allen war kein einziger, der ihr geistreich genug erschienen hätte.

Doch kam endlich ein so mächtiger, reicher, verständiger und schöner Königssohn, daß sie nicht umhin konnte und sich mit ihrem Herzen ihm zuneigte. Der König, der das bemerkte, sagte, daß er ihr vollkommen freie Wahl lasse. Da man aber, je gescheiter man ist, desto schwerer in Heiratsangelegenheiten sich entscheidet, dankte sie ihrem Vater und bat ihn, ihr Zeit zu lassen. Um reiflicher und ungestörter über diese Sache nachzudenken, ging sie in den Wald, zufällig in denselben Wald, in dem sie die Bekanntschaft Riquets mit dem Schopf gemacht hatte.

Da hörte sie mitten durch ihre tiefe Nachdenklichkeit von unten herauf ein dumpfes Geräusch wie von vielen Personen, die hin und her gehen und sich viel zu schaffen machen. Wie sie aufmerksam hinhorchte, vernahm sie, wie jemand sagte: „Bringe jene Pfanne", ein anderer: „Hole den Kessel", ein dritter: „Lege Holz ins Feuer", und so fort. Der Boden öffnete sich zu ihren Füßen, und sie sah in eine große Küche, voll von Köchen, Küchenjungen und Hofdienern, die beschäftigt waren, ein großes Festmahl herzurichten. An zwanzig bis dreißig oberste Hofbratenbereiter kamen hervor, marschierten unter den Bäumen hin, gruppierten sich mit Spicknadeln, Hacken, Messern und solchen Waffen in den Händen um einen großen Tisch und fingen nach dem Takte eines melodischen Gesanges zu arbeiten an.

Ganz erstaunt fragte die Prinzessin, für wen sie sich so bemühten? „Wir arbeiten", antwortete einer derselben, „für den Prinzen Riquet mit dem Schopf, der sich morgen zu verheiraten gedenkt."

Da war die Prinzessin noch mehr erstaunt. Sie erinnerte sich, daß morgen das Jahr um sei und daß sie versprochenermaßen den häßlichen Prinzen heiraten solle. Sie fiel aus den Wolken. Sie hatte die ganze Geschichte vergessen, weil sie damals, als sie das Versprechen gegeben, ein Dummkopf gewesen und weil sie von dem Augenblick an, da sie von ihm den Verstand erhalten, alles aus der Zeit ihrer Dummheit vergessen.

Nachdenklich ging sie weiter, aber nach kaum dreißig Schritten begegnete sie Riquet mit dem Schopf, der sich ihr kecklich und schön aufgeputzt vorstellte wie ein Prinz, der eben im Begriffe steht, in den heiligen Ehestand zu treten.

„Ihr seht, Prinzessin", sagte er lächelnd, „wie glücklich ich bin, und ich zweifle nicht, daß Ihr ebenfalls hierher kommt, um Euer Wort einzulösen und mich, indem Ihr mir Eure Hand reicht, zum Glücklichsten aller Sterblichen zu machen."

„Ich gestehe Euch", sagte die Prinzessin verlegen, „daß ich in dieser Angelegenheit noch zu keinem Entschluß gelangt bin, und ich glaube nicht, daß ich mich je so, wie es Eure Hoheit wünschen, werde entschließen können."

„Ihr setzet mich in Erstaunen", sagte Riquet mit dem Schopfe.

„Das glaube ich“, versicherte die Prinzessin, „und ich gebe zu, daß, wenn ich es mit einem ungebildeten Manne, mit einem Manne ohne Geist, zu tun hätte, ich mich in diesem Augenblicke in großer Verlegenheit befände.“
„Eine Prinzessin muß vor allem ihr Wort halten!“ rief er dagegen, „Ihr müßt mich heiraten, weil Ihr es versprochen habt.“
Sie erwiderte: „Derjenige, zu dem ich hier zu sprechen die Ehre habe, ist der geistreichste Mann der Welt, und so bin ich gewiß, daß er Vernunft annehmen wird. Ihr wißt, daß ich mich, selbst als ich dumm war, nicht entschließen konnte, Euch zu heiraten. Wie wollt Ihr nun, daß ich jetzt, mit dem Geiste, den Ihr mir gegeben und der mich nur wählerischer macht, es über mich gewinne, einen Entschluß zu fassen, den ich in aller Dummheit nicht zu fassen imstande war? Wenn Ihr mich auf jeden Fall heiraten wollt, so hattet Ihr unrecht, mir meine Dummheit zu benehmen und mir Lichter aufzustecken, bei denen ich die Dinge deutlicher sehe als zuvor.“
Und Riquet mit dem Schopf darauf: „Wenn es einem Dummkopf wohl anstände, wie Ihr anzudeuten die Güte hattet, Euch beim Wort zu nehmen, warum solltet Ihr es mir verdenken, o Gebieterin, wenn ich in einem Falle, wo es sich um das Glück meines ganzen Lebens handelt, mich so gebärde wie ein Dummkopf? Ist es vernünftig, daß Leute von Geist vor solchen, die keinen haben, im Nachteil bleiben sollen? Wollt Ihr das behaupten, Ihr, die so viel besitzt und die sich so sehr nach dem Geiste gesehnt hat? Allein der Worte sind genug gewechselt. Zur Sache, wenn Ihr nichts dagegen habt! Von meiner Häßlichkeit abgesehen, mißfällt Euch etwas an mir? Genügen Euch nicht meine Herkunft, mein Geist, mein Charakter, meine Manieren?“
„Oh“, rief die Prinzessin, „alles, was Ihr hier nennt, kann ich an Euch nur bewundern.“
„Wenn dem so ist“, rief Riquet mit dem Schopf noch lauter, „dann bin ich meines Glückes gewiß, denn Ihr könnt mich in den liebenswertesten der Männer umgestalten.“
„Wie soll das möglich sein?“
„Ihr werdet es möglich machen“, versicherte Riquet, „wenn Ihr

mich genugsam liebt, um zu wünschen, daß es so sei. Um der Sache und allen Zweifeln ein Ende zu machen, erfahret hiermit, daß dieselbe Fee, die mir am Tage meiner Geburt die Kraft verlieh, die Person, die ich lieben werde, mit Geist und Verstand auszustatten, Euch, o meine Angebetete, die Fähigkeit bescherte, den, den Ihr auserwählen und dem Ihr Eure Gunst gewähren wollt, mit Schönheit zu begaben."

„Oh", jubelte die Prinzessin, „wenn sich die Dinge so verhalten, dann wünsche ich von ganzem Herzen, daß Ihr der schönste, der reizendste, der liebenswürdigste aller Prinzen werdet und daß die Feengabe an Euch aufs glänzendste und verschwenderischste ihren Zauber bewahrheite."

Schon stand Riquet mit dem Schopf als der schönste, schlankeste, bestgebaute, reizendste Ritter vor ihren Augen. Es gibt Leute, die behaupten, daß Riquet nach wie vor eine Vogelscheuche geblieben und daß nicht der Zauber der Fee, sondern der Zauber der Liebe allein diese Verwandlung bewirkt habe. Aber wie immer sich die Sache verhalten möge, so viel steht fest, daß die Prinzessin sofort in die dargebotene Hand einschlug. Und am folgenden Tage wurde die Hochzeit gefeiert, wie es Riquet mit dem Schopf vorausgesehen und vorbereitet hatte.

Die Fee

Es war einmal eine Witwe, die hatte zwei Töchter. Die ältere glich an Gesicht und Charakter so sehr ihrer Mutter, daß man sogleich denselben Ton erkannte. Beide, Mutter und Tochter, waren gleich unausstehlich und gleich hochmütig und eingebildet. Die jüngere hingegen glich ganz ihrem seligen Vater, der zu gut und zu brav gewesen, um es lange an der Seite seiner Gattin auszuhalten, und der sich darum beizeiten vor ihr in die Erde geflüchtet. Da böse Leute nur ihresgleichen lieben, so liebte die Mutter auch nur ihre ältere Tochter, während sie die jüngere nicht riechen konnte. Diese mußte in der Küche essen und für beide arbeiten, als wäre sie ihre Magd.

Unter anderem mußte das arme Mädchen täglich zweimal eine halbe Stunde weit laufen, um frisches Wasser zu holen, und immer mußte der große Krug voll sein bis zum Rande.

Eines Tages, da sie wieder am Brunnen war, kam eine alte Frau daher, die sie um einen Trunk Wasser bat.

„Gern, gern, mein gutes Mütterchen", rief das Mädchen, spülte den Krug aus, schöpfte an der klarsten Stelle des Brunnens und hielt den Krug, während die Alte ihren Durst stillte. Nachdem sie getrunken, sagte die Alte, welche, im Vertrauen gesagt, eine Fee war und sich nur so verkleidet hatte, um die Herzensgüte des Mädchens zu prüfen, sie sagte also: „Mein Kind, du bist so schön, gut und lieb, daß ich dir mit Vergnügen ein Geschenk machen will. Dies Geschenk besteht darin, daß jedes Wort, das du von nun an sprechen wirst, als eine Blume oder als ein Edelstein aus deinem Munde hervorkommen soll."

Als sie nun nach Hause kam, zankte sie die Mutter, daß sie so lange ausgeblieben.

„Ich bitte dich um Verzeihung, meine Mutter", sagte das Mädchen, „daß ich so spät komme" – und siehe da, wie sie das sagte, kamen aus ihrem Munde zwei Rosen, zwei Perlen und zwei große Diamanten hervor.

„Was seh ich!" rief die Mutter erstaunt, „ich glaube gar, sie spricht Perlen und Diamanten! Wie kommt das, mein Kind?" – Es war das erstemal in ihrem Leben, daß sie sie „mein Kind" nannte. – Das gute Mädchen erzählte ganz einfach und aufrichtig, was ihr begegnet war, und während sie erzählte, quollen eitel Perlen und Diamanten aus ihrem Munde.

„Das ist ja wunderbar", rief die Mutter, „da muß gleich auch meine Tochter hin.

Sieh mal, Suse, was da aus dem Munde deiner Schwester hervorkommt! Würde dir eine solche Eigenschaft nicht besser passen? Du darfst nur an den Brunnen gehen und Wasser schöpfen, und wenn ein altes Weib kommt und dich um einen Trunk bittet, höflich zu trinken geben."

„Wahrhaftig", antwortete die ältere, „das würde sich schön für mich schicken, an den Brunnen zu gehen!"

„Aber ich will es", schrie die Mutter, „und du gehst sogleich."

So ging sie denn, aber immer brummend, und die schönste silberne Kanne hatte sie mitgenommen. Am Brunnen stehend, sah sie eine prachtvoll geputzte Dame aus dem Walde herankommen, die sie um einen Trunk Wasser bat. Es war das, wie man leicht errät, dieselbe Fee, die ihrer guten Schwester erschienen war und welche jetzt in Gestalt einer Prinzessin auftrat, um zu sehen, wie weit die Unart der bösen gehen werde.

Diese antwortete, wie zu erwarten stand: „Bin ich deshalb hierhergekommen, um Euch zu bedienen? Freilich, man nimmt silberne

Krüge ganz besonders für die fremde Frau mit! Wie? Meinetwegen trinket, wenn Ihr wollt. Es ist Wasser genug da."
„Ihr seid nicht höflich, mein Kind", sagte die Fee gelassen. – „Nun

denn, weil Ihr so wenig zuvorkommend seid, beschenke ich Euch mit der Gabe, daß jedes Wort, das Ihr sprechet, aus Eurem Munde als Schlange oder Kröte hervorkomme."

Sobald ihre Mutter sie erblickte, rief sie ihr entgegen: „Nun, meine Tochter, wie ist's?"

„Nun, meine Mutter, so ist's!" antwortete die Tochter und warf zwei Schlangen und zwei Kröten aus.

„Himmel! Was sehe ich?" schrie die Mutter. „An all dem ist deine Schwester schuld, sie soll es büßen!"

Sie lief, um die jüngere durchzuprügeln. Das arme Mädchen ergriff die Flucht und versteckte sich im Walde. Da kam der Königssohn von der Jagd zurück, sah sie, und weil sie so schön war, fragte er sie, warum sie so allein im Walde sei und warum sie so weine.

„Ach, mein Prinz", antwortete sie, „meine Mutter hat mich aus dem Hause gejagt."

Der Prinz, der aus ihrem Munde ein halbes Dutzend Perlen und Diamanten kommen sah, bat sie um Erklärung dieser schönen Sonderbarkeit. Sie erzählte und erklärte ihm, worauf er sich sogleich in sie verliebte, und bedenkend, daß eine solche Gabe mehr wert sei als irgendeine Mitgift irgendeiner Königstochter, nahm er sie mit heim in seinen Palast und heiratete sie.

Ihre Schwester, die durch die Gabe, Schlangen und Kröten zu sprechen, nicht gewonnen hatte und in deren Umgebung es immer unangenehmer wurde, überwarf sich zuletzt auch mit der Mutter, die sie aus dem Hause jagte. Nachdem sie lange unstet in der Welt umhergeirrt, und da niemand eine Person, die Schlangen und Kröten sprach, bei sich aufnehmen wollte, ging sie im wilden Walde jämmerlich zugrunde.

Blaubart

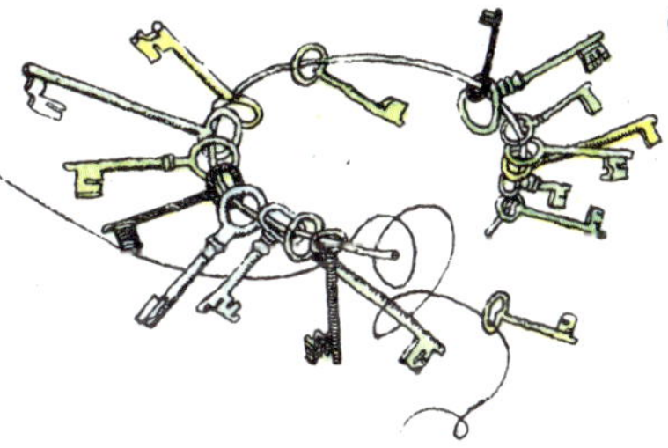

Es war einmal ein Ritter, der besaß viele Häuser in der Stadt und viele Schlösser auf dem Lande und silbernes und goldenes Tafelgeschirr und Möbel voll kostbarer Stickereien und vergoldete Karossen und Kasten voll Geld – aber er besaß auch einen blauen Bart, und das gab ihm ein so abstoßendes Aussehen, daß Weiber und Mädchen ihn weder leiden noch sehen mochten.

Eine seiner Nachbarinnen, eine vornehme, aber arme Dame, hatte zwei sehr schöne Töchter. Er warb bei ihr, es der Mutter überlassend, welche von beiden sie ihm geben wolle. Sie mochten aber alle beide von dieser Partie nichts wissen, und eine wollte ihn der andern aufreden, da sich keine entschließen konnte, einen Mann mit blauem Barte zu heiraten. Auch hatte es etwas Abschreckendes, daß Blaubart schon mehrere Male verheiratet gewesen und daß man nicht wußte, was aus seinen bisherigen Frauen geworden. Es war das jedenfalls ein verdächtiger Umstand.

Blaubart aber kannte die Weiber und die Mittel, ihnen die Köpfe zu verdrehen. Er lud die Mutter und die Töchter samt einigen ihrer Freundinnen und mehrere junge Männer auf eines seiner Schlösser, wo man sich durch acht Tage aufs angenehmste unterhielt. Da ging es hoch und lustig her: nichts als Landpartien, Bälle, Mahlzeiten, Gesellschaftsspiele, Neckereien, dazu wohlangebrachte Geschenke an die Mädchen wie an die Mutter und an die Freundinnen, die auf die Schwestern am meisten Einfluß hatten.

Kurz, nach acht Tagen fand die jüngere Schwester, daß der Bart ihres Wirtes nur bläulich, nicht blau, und daß er selbst im ganzen und großen ein recht galanter Ritter und höchst annehmbarer Ehemann sei. Wenige Wochen nach diesen Lustbarkeiten war Hochzeit.

Nach Verlauf des Honigmondes sagte Blaubart zu seiner Frau: „Ich muß in sehr wichtiger Angelegenheit eine längere Reise machen, die mich wohl sechs Wochen lang von dir, mein Engel, und von meinem jungen Glücke trennen wird. Betrübe dich darum nicht allzusehr; im Gegenteil, lasse deine Freundinnen kommen und unterhalte dich während meiner Abwesenheit so gut als möglich. Hier übergebe ich dir die Schlüssel zu meinen Vorrats- und Schatzkammern, denn was mir gehört, gehört dir, und schalte und walte du damit nach Belieben. Dieser Schlüssel führt zum Saal der Gold- und Silbergeschirre, die man nicht täglich braucht, dieser zu meinen Kassen voll Gold und Silber, dieser zu den Kisten, in denen ich meine Diamanten aufbewahre, und dieser hier ist der Hauptschlüssel, der alle Türen öffnet. Was nun dieses kleine Schlüsselchen betrifft, so führt es in das kleine Gemach am Ende der großen Galerie. Gehe du überall hin, wohin es dir beliebt, öffne alle Türen, wie du willst, aber ich verbiete dir aufs strengste, in jenes kleine Kabinett einzutreten. Sollte es dir dennoch begegnen, daß du es öffnest, so wisse, daß du von meinem Zorne das Schrecklichste zu erwarten hast.“ Sie versprach und beteuerte, seine Verordnungen aufs gewissenhafteste zu beobachten. Er umarmte sie zärtlich, stieg zu Roß und ritt davon.

Die Nachbarinnen, Gevatterinnen und Freundinnen warteten nicht, bis man sie abholte. Kaum war Blaubart abgeritten, als sie schon herbeikamen, neugierig, wie sie waren, alle Reichtümer und Herrlichkeiten der jungen Frau zu sehen, während sie bisher nicht gewagt hatten, sie zu besuchen, aus Furcht vor dem blauen Barte. Da liefen sie nun voll Neugierde durch Zimmer und Zimmerchen, durch Säle und Sälchen und Schatzkammern und konnten sich nicht genug verwundern, und manche beneidete die glückliche Blaubärtin. Diese Tapisserien, diese Sofas, diese Lehnstühle, diese ausge-

legten Tische – es war alles über alle Beschreibung reich und schön, jedes Kabinettchen ein grünes Gewölbe. Am schönsten aber waren die großen Spiegel mit den prächtigen Rahmen, in denen das häßlichste Frauenzimmer reizend aussah. Sie waren alle wie berauscht von den schönen Sachen, und manche bedauerten, daß es nicht noch viele solche Blaubärte in der Welt gab.
Am wenigsten unterhielt sich bei all dem die Beneidete, die Frau des Hauses selbst. Sie war zerstreut, sie konnte es nicht erwarten, hinabzusteigen in die Galerien und das kleine Kabinett zu öffnen. Die Neugierde verzehrte sie, und am Ende hielt sie es nicht länger aus, verließ unartigerweise ihre Gesellschaft und schlüpfte über die verborgene Wendeltreppe so schnell hinab, daß sie zwei- oder dreimal in Gefahr war, den Hals zu brechen. Erst vor der Türe des kleinen Kabinetts kam sie einigermaßen zur Besinnung und überlegte, ob es auch recht sei, die Verbote des Gatten so sehr außer acht zu lassen, und ob ihr aus ihrem Ungehorsam nicht etwelches Unglück erwachsen könne.
Sie erinnerte sich des Gesichtes, das Blaubart gemacht hatte, als er ihr einschärfte, das Kabinett nicht zu öffnen, und sie schauderte. Aber die Versuchung war zu groß. Sie konnte nicht widerstehen – und schon hielt sie das kleine Schlüsselchen in der Hand, und schon hatte sie, obwohl zitternd, die Türe geöffnet.
Zuerst sah sie nichts, gar nichts, weil die Fenster geschlossen waren. Nach einigen Minuten sah sie, daß der Boden mit geronnenem Blut bedeckt war und in dem Zimmer tote Frauen lagen. Es waren das die Frauen, die Blaubart früher geheiratet und die er alle, eine nach der anderen, umgebracht hatte. Sie war halb tot vor Schrekken, und das Schlüsselchen, das sie aus dem Schlosse gezogen, entfiel ihren Händen.
Nachdem sie sich wieder gefaßt, hob sie das Schlüsselchen auf, schloß die Türe und lief in ihr Zimmer, um sich zu sammeln und von ihrem Schrecken zu erholen. Aber das wollte ihr nicht gelingen, so sehr erschrocken und aufgeregt war sie.
Da sie bemerkte, daß das Schlüsselchen mit Blut befleckt war, wischte sie es zwei- und dreimal ab, aber das Blut wollte nicht

weichen. Sie mochte es noch so sehr waschen und mit Sand und Bimsstein reiben, der Blutfleck blieb nach wie vor, denn der Schlüssel war ein Zauberschlüssel, da half nichts. Und wenn der Blutfleck an einer Stelle verschwand, kam er an einer andern wieder zum Vorschein.

Blaubart kehrte noch am selben Abend von der Reise zurück und erzählte, daß er durch Briefe, die er unterwegs erhalten, in Erfahrung gebracht, daß die Reise überflüssig und daß seine Angelegenheiten aufs beste geordnet seien. Seine Frau tat alles mögliche, um ihn glauben zu machen, daß sie über seine frühe Rückkehr hocherfreut sei.

Am nächsten Morgen verlangte er die Schlüssel zurück. Sie übergab sie ihm, aber mit so arg bebenden Händen, daß er leicht erriet, was geschehen war.

„Wie kommt es“, fragte er, „daß der kleine Schlüssel zum Kabinett hier fehlt?“

„Ich werde ihn wohl oben auf dem Tische haben liegenlassen.“

„Vergiß nicht, mir ihn alsbald zu bringen“, sagte Blaubart.

Sie schob es mehrere Male auf, aber am Ende mußte sie den Schlüssel denn doch herbeibringen. Blaubart betrachtete ihn und sagte dann: „Wie kommt Blut an diesen Schlüssel?“

„Ich weiß es nicht“, antwortete das arme Weib, blaß wie der Tod.

„Du weißt es nicht“, schrie Blaubart, „ich aber weiß es, ich! Du wolltest in das Kabinett! Nun wohl, du sollst deinen Willen haben, du wirst hineinkommen in dieses Kabinett und wirst deinen Platz einnehmen neben den Damen, die du dort zu sehen das Vergnügen hattest.“

Sie warf sich ihm zu Füßen, weinte und bat um Verzeihung und Gnade mit allen Zeichen der Reue. Sie weinte, wie man sich denken kann, vergebens, denn Blaubart hatte ein Herz von Stein.

„Du mußt sterben“, sagte er gefaßt, „und zwar gleich.“

„Wenn ich schon sterben muß“, sagte sie mit vor Tränen zitternder Stimme, „so laß mir nur so viel Zeit, um mein Gebet verrichten zu können.“

„Ich gewähre dir eine halbe Viertelstunde und keine Minute mehr."
Als er sie allein ließ, rief sie ihre Schwester und sagte zu dieser: „Schwester Anna, ich bitte dich, steige auf den Turm, so hoch du kannst, und sieh, ob nicht meine Brüder kommen. Sie haben sich auf heute zu Besuch angesagt, und wenn du sie kommen siehst, mache ihnen Zeichen, daß sie sich beeilen."
Schwester Anna stieg auf den Turm, so hoch sie konnte, und die arme Betrübte rief von Zeit zu Zeit zu ihr hinauf: „Anna, Schwester Anna, siehst du nichts kommen?"
Und Schwester Anna antwortete: „Ich sehe nur die Sonne, die schimmert, und das grüne Gras, das glitzert."
Unterdessen stand Blaubart, mit einem großen Messer in der Hand, unten und rief aus Leibeskräften seiner Frau: „Komme rasch herunter, oder ich steige hinauf!"
„Noch einen Augenblick!" antwortete seine Frau, und dann rief sie leise: „Anna, Schwester Anna, siehst du nichts kommen?"
Und Schwester Anna antwortete: „Ich sehe nur die Sonne, die schimmert, und das grüne Gras, das glitzert."
„So komm doch!" schrie Blaubart, „oder ich steige hinauf!"
„Ich komme!" antwortete seine Frau, dann rief sie: „Anna, Schwester Anna, siehst du nichts kommen?"
„Ich sehe", erwiderte Schwester Anna, „einen großen Staub, der sich von jener Seite erhebt."
„Sind es meine Brüder?"
„Ach nein, meine Schwester, es ist eine Schafherde."
„Willst du nicht endlich kommen?" schrie Blaubart.
„Noch eine Minute", antwortete seine Frau, dann rief sie: „Anna, Schwester Anna, siehst du nichts kommen?"
„Ich sehe", antwortete Schwester Anna, „ich sehe zwei Reiter von jener Seite kommen, aber sie sind noch sehr weit."
Und einen Augenblick später rief sie: „Gott sei gelobt, es sind die Brüder. Ich mache ihnen, soviel ich kann, Zeichen, daß sie sich beeilen."
Blaubart schrie und rief jetzt so stark, daß das Haus zitterte. Das

arme Weib stieg hinab, warf sich ihm zu Füßen, weinte und jammerte ganz fürchterlich und rang die Hände.
„Das führt zu nichts", sagte Blaubart, „du mußt sterben!"
Dann griff er mit einer Hand in ihr Haar, mit der andern schwang er das große Messer, um ihr den Kopf abzuschneiden. Die arme Frau wandte sich zu ihm, sah ihn mit brechenden Augen an und bat noch um einen Augenblick, um sich zu sammeln.
„Nein! Nein! Empfiehl deine Seele Gott aufs beste!" rief er und hob den Arm... In diesem Augenblick schlug man so gewaltig an die Tür, daß Blaubart stutzte. Man öffnete sogleich. Zwei Ritter mit gezückten Schwertern traten ein und stürzten sich geradenwegs auf Blaubart.
Er erkannte die Brüder seiner Frau und wollte auf und davon gehen, aber die Brüder verfolgten ihn auf dem Fuß, erwischten ihn, bevor er aus dem Hause war, stießen ihm die Degen mitten durch den Leib und streckten ihn tot hin. Die arme Frau, die fast ebenso tot war wie ihr Gatte, hatte kaum Kraft genug, um sich zu erheben und ihre Brüder zu begrüßen.
Blaubart hatte keine Anverwandten, und so fiel die ganze Erbschaft seiner Frau zu. Einen Teil ihres ungeheuren Vermögens gab sie ihrer Schwester Anna und verheiratete sie mit einem trefflichen jungen Mann, der sie seit langem liebte. Einen anderen Teil überließ sie ihren Brüdern, die als Soldaten das sehr wohl brauchen konnten, und den Rest brachte sie einem soliden Manne zu, an dessen Seite sie im Glücke die schweren Stunden ihrer kurzen Ehe mit Blaubart vergaß.

Eselshaut

Es war einmal, aber es ist schon lange her, ein großer König, der war von seinen Untertanen so geliebt, von allen seinen Nachbarn und Verbündeten so geachtet, daß man ihn den glücklichsten aller Monarchen hätte nennen können. Sein Glück wurde noch durch die Tugend seiner Gemahlin erhöht, die nebenbei eine große Schönheit war, und das glückliche Paar der Landeseltern lebte in schönster Eintracht. Aus ihrer Ehe erwuchs eine mit so vielen Reizen und Tugenden geschmückte Prinzessin, daß sie sich über den Mangel weiterer Nachkommenschaft billig trösten konnten.

Das kann man der Überlieferung glauben, daß in des Königs Palaste Pracht, Geschmack und Überfluß herrschten, und aus Gefälligkeit und der Seltenheit wegen wollen wir auch gläubig hinnehmen, was ferner berichtet wird: daß seine Minister weise und gerecht waren, die Höflinge tugendhaft und anhänglich, die Diener fleißig und treu. Und sehr einleuchtend ist, was man weiter erzählt, daß die Stallungen weit, groß und schön waren, so daß die armen Leute die prächtigen, immer reichgezäumten Pferde um ihre Wohnung beneiden konnten.

Auffallend war nur dieses, daß in diesen prächtigen Stallungen ein Esel den obersten, besten und vornehmsten Platz einnahm. Aber *diesem* Esel mußte man es zugestehen, daß er die Ehren, die ihm zuteil wurden, reichlich verdiente. Denn an jedem Morgen fan-

den sich in seinem Stand in schönen, wohlgeordneten Haufen große Mengen von Laubtalern und von Louis- und Friedrichsdoren aller Art, die man nur mit dem Besen zusammenzufegen brauchte, um mehr zu haben, als der ganze Hof- und Haushalt des Königs bedurfte. Der eine Esel war mehr wert als ein ganzes Dutzend der besten Finanzminister.
Wie aber in dieser besten der Welten alles dem Wandel unterworfen ist, das Glück der Könige ebensogut wie das der Untertanen, und wie auf Freud Leid folgen muß, so geschah es auch, daß die Königin plötzlich eine bösartige Krankheit heimsuchte, an der die Kunst der berühmtesten Ärzte zuschanden wurde.
Die Trostlosigkeit lag wie ein dicker Nebel auf dem ganzen Lande.
Wie die Königin ihr letztes Stündlein herannahen fühlte, sprach die hohe Kranke zu ihrem in Tränen schwimmenden Gatten wie folgt: „Mein Gatte, gestattet mir in meiner letzten Stunde *eine* Bitte, nämlich, daß, wenn Ihr Lust habt, Euch wieder zu verehelichen ...“
„Niemals! Niemals!“ fiel ihr hier der König schluchzend ins Wort, bedeckte ihre Hand mit Küssen und versicherte, daß jedes Wort eitel sei ... „Zweite Ehe!“ – lachte er bitter – „nein, liebe Königin, befehlet lieber, daß man mich gleich mit Euch bestatte ...“
„Der Staat“, sagte die Königin mit einer Einsicht, die ihm den bevorstehenden Verlust noch empfindlicher machte, „der Staat verlangt einen männlichen Thronfolger, und da ich Euch nur eine Tochter gegeben, wird man in Euch dringen, für einen Sohn zu sorgen, der Eure Tugenden erbe und Eure segensreiche Regierung fortsetze. Nun aber beschwöre ich Euch aufs inständigste, bei aller Liebe, die uns verbunden, weichet dem Andringen Eurer Völker nicht eher, als bis Ihr eine Prinzessin gefunden, die schöner und besser gewachsen ist, als ich es war. Versprechet mir das mit einem Eide, und ich will ruhig verscheiden.“
Sie bildete sich freilich ein, daß eine schönere und besser gewachsene Königin in allen Reichen nicht aufzutreiben sei und daß sie durch diesen Schwur eine zweite Ehe des Königs vereitle.

Der König war außer sich, weinte Tag und Nacht und versäumte nichts, was einem Witwer wohlanständig ist.
Aber zu heftiger Schmerz tobt sich aus. Auch kamen bald die Großen der Krone, die den König aufforderten, sich zum zweiten Male zu verehelichen. Als man ihm dieses Ansinnen zum ersten Male stellte, schien es ihm sehr hart und bewirkte nur, daß er aufs neue in Tränen ausbrach. Er entschuldigte sich mit dem der Hochseligen geleisteten Eide und forderte sie heraus, ihm eine schönere und besser gewachsene Königin zu finden, ebenfalls vermeinend, daß dies unmöglich sei. Aber der Staatsrat und die Großen der Krone beharrten auf ihrer Forderung, untertänigsten Bitte und treugehorsamsten Vorstellung. Sie gaben ihm zu erwägen, daß es eine Torheit sei, sich an solche Liebesschwüre zu halten, während man sich, wo der Staat und das Interesse es gebieten, um ganz andere Eide, Versprechungen und Verträge nicht kümmere. Sie sagten, daß an der Schönheit einer Königin und ob sie gut gewachsen sei, gar wenig, wohl aber an ihrer Tugend gar viel liege. Er sollte auch bedenken, daß der Staat im Interesse der Ruhe und der geordneten Thronfolge eines oder mehrerer Prinzen aufs dringendste bedürfe, und endlich, daß, wenn kein Prinz aus dem alten Haus mehr da sei, habsüchtige Nachbarn leicht Erbfolgekriege erregen und das Reich verderben und zerreißen könnten, wie das in der Geschichte schon zu wiederholten Malen vorgekommen. Alle diese Überlegungen machten auf den König einen solchen Eindruck, daß er beschloß und versprach, sie in Erwägung zu ziehen.
Als ein König, der sein Versprechen zu halten gewohnt war, fing er darauf in der Tat an, sich unter den Prinzessinnen umzusehen. Täglich wurden ihm reizende Porträts zur Ansicht vorgelegt, aber keines hatte die Schönheit der Hochseligen, und so kam er zu keiner Wahl, zu keinem Entschluß.
In einer unglückseligen Stunde stand er plötzlich betroffen vor einem Gedanken, vor einer Bemerkung: Die Prinzessin, seine eigene Tochter, war nicht nur bezaubernd schön und wunderbar gewachsen, sie übertraf noch weit die Hochselige an Geist, Anmut und allem, was das weibliche Geschlecht reizend machen kann. Ihre Ju-

gend, ihre Schönheit entflammten ihn dermaßen, daß er es vor ihr nicht länger verbergen konnte und daß er endlich mit der Erklärung herausrückte, sie, nur sie heiraten zu wollen, weil auch sie allein ihn von seinem Schwur entbinden könne.
Die junge, schöne, tugendhafte Prinzessin meinte in Ohnmacht fallen zu müssen. Sie warf sich ihm zu Füßen, sie weinte, sie beschwor ihn, sie doch nicht dazu zu zwingen.
Der König, der, seinem Stande gemäß, sich nichts versagen konnte, was er sich einmal in den Kopf gesetzt hatte, ging hin, um sich mit einem alten Druiden in dieser Angelegenheit zu beraten und das Gewissen der Prinzessin zu beruhigen, wohl wissend, daß dieser Druide für alle Sünden die schönsten Entschuldigungen zu finden verstand.
In der Tat verließ er denselben wieder, überzeugt, daß es ein frommes Werk sei, seine Tochter zu heiraten. Demgemäß umarmte er die Prinzessin und befahl ihr, sich für alles, was zur Hochzeit gehört, vorzubereiten.
In dieser verzweifelten Lage blieb der armen Prinzessin nichts übrig, als sich an ihre Pate, die Fliederfee, um Rat und Hilfe zu wenden. Und in der Nacht schlich sie aus dem Palaste, spannte einen Hammel, der ihr Vertrauen besaß und der alle Wege kannte, vor ihren Wagen und fuhr im Mondschein davon. Noch vor Mitternacht kam sie bei der Fee glücklich an. Diese wußte natürlich schon, um was es sich handelte, ließ sich aber doch alles ausführlich erzählen und versicherte dann der Prinzessin, daß sie ganz ruhig sein könne und daß ihr nichts Böses geschehen werde, wenn sie nur ihre, der Fee, Ratschläge pünktlich befolge. „Denn“, sagte sie, „es wäre ein großer Fehler, seinen Vater zu heiraten, und man muß dem auszuweichen suchen, ohne ihm gerade zu widersprechen. Verlange du als Belohnung für dein Jawort von ihm ein Kleid von der Farbe des Wetters. Sage du, es sei einmal dein Geschmack, ein solches Kleid, und du würdest nicht eher ja sagen, als bis er dir dasselbe verschaffe. Niemals, bei aller Liebe und Macht, wird er dir ein Kleid von der Wetterfarbe verschaffen können.“
Gleich am nächsten Morgen tat die Prinzessin, wie die Pate ge-

sagt hatte, und schwor, zu dieser Heirat nicht eher ja zu sagen, als bis sie ein Kleid von der Wetterfarbe besitze.
Der König war entzückt. Er ließ sogleich die berühmtesten Arbeiter des Landes kommen und versprach demjenigen, der ihm ein Kleid von schönster Wetterfarbe fabriziere, die höchsten Würden.
So kam es, daß nach zweimal vierundzwanzig Stunden das bestellte Kleid fix und fertig war.
Der König jubelte, die Prinzessin eilte wieder zur Fee, um neuen Rat zu holen. Diese meinte, es sei nichts zu tun, als auf dieselbe Weise fortzufahren und noch ein Kleid, und zwar von der Mondfarbe, zu verlangen.
Das tat denn die Prinzessin. Aber schon nach vierundzwanzig Stunden brachte derselbe Arbeiter ein Kleid, das leuchtete wie der Mond und war so schön, daß die Prinzessin darüber ihren Kummer, nicht aber ihre Tugend vergaß. Sie nahm es an sich, fuhr aber fort, zu verzweifeln und zu klagen. Jetzt kam die Fee selber heran und riet, ein Kleid von der Farbe der Sonne zu verlangen.
„Die Sonne“, sagte sie, „wird doch hoffentlich die verruchte Industrie nicht nachahmen können! – Und wenn sie es kann, so haben wir doch Zeit gewonnen und können uns indessen auf anderes besinnen.“ So verlangte denn die Prinzessin ein Sonnenkleid.
Der König war unterdessen, gerade infolge des fortgesetzten Widerstandes, so verliebt geworden, daß er auch darauf einging. Er gab her, was er an Diamanten und Rubinen besaß, und befahl, daß man ein Kleid verfertige, welches die Sonne nicht nur an Glanz erreiche, sondern sogar übertreffe.
Und siehe da, es kam ein Kleid zustande, das alle, die es sahen, zwang, die Augen zu schließen.
Die Prinzessin war außer sich, die Fee wütend.
Nachdem sie sich ein wenig beruhigt, sagte sie: „Nun aber wollen wir uns mit diesen Teufelswerken nicht weiter befassen, sondern die Liebe des Vaters auf eine Probe stellen, die er schwerlich bestehen wird. Wir wollen einmal sehen, wie sich ein König benimmt, wenn man an seine Einkünfte rührt. Gehe hin, meine Tochter, und

verlange die Haut jenes Esels, den er so hoch schätzt und der ihm eine so große Rente abwirft. Gehe hin und verlange besagte Haut.“

Die Prinzessin, glücklich, noch ein Mittel zu besitzen, um dem verabscheuten Ehebunde zu entgehen, und überzeugt, daß der König den geliebten Esel ihr nicht opfern werde, verlangte also mit vielem Mute und großer Entschiedenheit die Haut des kostbaren Tieres.

Der König erschrak, faßte sich aber bald und gab Befehl, daß der Goldesel geschlachtet werde.

Als man ihr im Namen des Königs die Haut des Esels in einem schön geschnitzten Köfferchen herbeibrachte, raufte sich die Prinzessin die Haare aus. Jetzt sah sie keinen Ausweg mehr, um den bösen Wünschen des Vaters zu entgehen.

Die Fee, die dazukam, rief entrüstet: „Was treibt Ihr? Dies ist der schönste Augenblick Eures Lebens. Hüllet Euch in die Haut, verlasset den Palast und wandert, so weit Euch die Erde trägt. Gibt es etwas Schöneres, als die Gelegenheit, alles der Tugend zu opfern, der Tugend, die am Ende jeder Geschichte belohnt werden muß? Ich werde in dieser Beziehung das Meinige tun und dafür sorgen, daß alle die schönen Kleider und Kostbarkeiten, die Ihr der Liebe Eures Vaters danket, wohl eingepackt, Euch überallhin folgen. Nehmet diesen meinen Zauberstab. Wo immer Ihr die Erde damit berühret, wird der Koffer, sooft Ihr sein bedürfet, vor Euch stehen. Jetzt aber haltet Euch nicht länger auf, und glückliche Reise!“

Die Prinzessin nahm von der Pate zärtlichen Abschied, bat sie um ihren ferneren Schutz, obwohl ihr der seitherige wenig genützt, hüllte sich in die häßliche Haut, beschmierte sich das schöne Gesicht seufzend mit Ofenruß und schlich unerkannt aus dem Palaste ihrer Ahnen.

Die Flucht der Prinzessin verbreitete allgemeine Bestürzung. Der König war mehr als verzweifelt. Die Hochzeitskuchen und Braten, die bereitstanden, sahen ihn an wie ebenso viele Grabsteine seiner Liebe.

Alles zitterte vor Besorgnis, das Fehlschlagen seiner Hoffnungen werde ihn in einen Tyrannen verwandeln, und in der Tat erfüllte er die weiten Räume seines Palastes, die er durchtobte, mit tyrannenhaften Reden und Drohungen.
Zu einiger Besinnung gekommen und sich der Mittel erinnernd, die ihm zu Gebote standen, erließ er hinter der entflohenen Prinzessin Steckbrief auf Steckbrief.
Unterdessen wanderte die Prinzessin weit, weiter, immer weiter und noch weiter und suchte überall nach einem Unterkommen.
Aber die Anstellungen, wenn man danach sucht, sind immer rar, und von der schmutzigen Person wollte man vollends nichts wissen, höchstens daß man ihr hier und da aus Barmherzigkeit ein Stück Brot für ihren Hunger verabreichte und um sie so schnell als möglich loszuwerden.
Endlich kam sie, in der Nähe einer großen Stadt, in einen Meierhof, dessen Pächterin einer Schmutzmagd bedurfte, welche die Schmutzlappen waschen, die Truthühner füttern und die Schweineställe reinigen sollte. Dazu schien die Prinzessin in der Eselshaut gerade gut genug, und sie nahm die Stelle, müde des Landstreicherlebens, gerne an. Man wies ihr den verborgensten Winkel im Hause an, und in den ersten Tagen war sie die Zielscheibe des Spottes der ganzen Dienerschaft, so schmutzig und widerlich nahm sie sich in ihrer Eselshaut aus. Nach und nach aber gewöhnte man sich an ihren Anblick und ließ sie um so lieber in Ruhe, als sie ihre Pflichten aufs gewissenhafteste erfüllte und das ihr anvertraute Vieh auffallend gedieh.
Eines Tages, da sie, die Schafe und Ziegen hütend, mit einem Lamme spielend und ihr trauriges Geschick bedenkend, in holder Einsamkeit am Rande eines kleinen Wassers saß, fiel es ihr ein, sich darin zu bespiegeln. Sie erschrak über die häßliche Eselshaut, die sie bekleidete, und über ihr ganzes Aussehen. Schnell wusch sie Hände und Gesicht, die weiß wie Elfenbein zum Vorschein kamen, und die Frische ihres Gesichtes schien sich unter der Schmutzdecke besonders gut konserviert zu haben. Erfreut über ihre Schönheit badete sie sich ganz – aber hierauf mußte sie

sich doch wieder in ihre Eselshaut hüllen. Allein am nächsten Tage,

einem Feiertage, schloß sie sich in ihr Kämmerlein ein, zauberte ihren Koffer herbei und legte das wunderschöne Wetterkleid an. Ihr Zimmerchen war so klein, daß nicht einmal die Schleppe darin Platz hatte. Das störte sie nicht, sie hatte ihre Freude an ihrem Putz und ihrer Schönheit und beschloß, sich diese Freude nunmehr jeden Sonn- und Feiertag zu gönnen.
Das tat sie denn auch pünktlich, steckte Blumen und Diamanten ins Haar und frisierte dieses, das wie von Gold und außerordentlich reich und lang war, mit der ausgesuchtesten Kunst. Sie bedauerte nur, daß sie als Zeugen ihrer Schönheit niemand anders um sich hatte als ihre Truthühner, Schafe und Schweine, denen sie als Eselshaut ebenso lieb war wie als schönste Prinzessin. „Eselshaut" nämlich war, nach ihrer Toilette, ihr bleibender Name geworden.
Eines Tages, es war gerade ein Feiertag, und Eselshaut hatte das Sonnenkleid angetan, kam der Prinz, von einer Jagd zurückkehrend, in diese Meierei, die ihm gehörte. Der Prinz war jung, schön, wohlgestalt, geliebt vom König, seinem Vater, und von der Königin, seiner Mutter, und im Volke außerordentlich angesehen. Er ließ sich herab, bei der Pächterin ein gutes ländliches Mahl einzunehmen und dann die ganze Meierei von unten bis oben in allen Winkeln zu durchstöbern.
So kam er auch in einen dunklen Gang und am Ende desselben an eine verschlossene Türe. Hier hatte er nichts Eiligeres zu tun, als durchs Schlüsselloch zu blicken. Man kann nicht wissen, dachte er, was man durch ein Schlüsselloch zu sehen bekommt. Durch ein Schlüsselloch, wie klein es ist, sieht man oft große Dinge.
Er täuschte sich nicht. Er sah die wunderschöne Prinzessin, die er in ihrem herrlichen Putz und mit ihrem majestätischen Blick für eine Fee hielt. Am liebsten hätte er die Türe gleich eingetreten, aber der Anblick der Prinzessin flößte ihm so großen Respekt ein, daß er es denn doch bleibenließ.
Er konnte sich nicht trennen von dem Schlüsselloch. Endlich tat er es doch, aber nur, um Erkundigungen einzuziehen nach der Person, die in dem Stübchen am Ende des dunklen Ganges wohnte. Man antwortete ihm, das sei eine Schmutzmagd, namens Esels-

haut, die man ihres Schmutzes wegen weder ansehe noch anspreche, die man nur aus Barmherzigkeit ins Haus genommen, um sie die Truthühner und Schafe hüten zu lassen.
Der Prinz sah wohl ein, daß diese dummen Leute die wahre Wahrheit nicht kannten, und fragte nicht weiter.
Im Palaste angekommen, war er bereits arg verliebt, und fortwährend tanzte ihm das Bild jener Herrlichen, die er durchs Schlüsselloch gesehen, vor Augen. Er machte sich Vorwürfe, die Türe nicht doch eingestoßen zu haben, und nahm sich vor, es das nächstemal gewiß zu tun. Aber noch in derselben Nacht zog ihm sein erhitztes Blut ein solches Fieber zu, daß er in Lebensgefahr schwebte.
Seine Mutter, deren einziges Kind er war, sah mit Verzweiflung, daß kein Mittel anschlug. Sie versprach den Ärzten die höchsten Belohnungen, aber deren Kunst erwies sich, wie so oft, als ohnmächtig. Sie machten lange Gesichter, schnupften, ließen die Köpfe hängen, schüttelten die Perücken, sprachen lateinisch – das war alles, was sie tun konnten. Aber damit lockt man keinen Hund vom Ofen.
Endlich wurde es etwas heller in ihren Köpfen, und sie hatten einen Gedanken. „Der Prinz", sagten sie, „hat einen tödlichen Kummer", und sie beeilten sich, diese Entdeckung der Königin mitzuteilen.
Die Königin setzte sich an das Bett ihres Sohnes und beschwor ihn, ihr die Ursache seines Grames zu vertrauen.
„Ach, mein Sohn", nahm die Königin das Wort, „dein Leben zu retten, ist mir nichts zu teuer, nichts zu schwer. Rette du das unsrige, indem du aufrichtig erklärst, was du willst, was dich grämt, und sei gewiß, daß alles geschehen wird, was, wie unser Erster Minister zu sagen pflegt, geschehen werden kann."
„Nun, teure Mutter", rief der Prinz, „wenn dem so ist, wenn es sich um Euer teures Leben handelt, wäre es Sünde, länger mit meinen Gedanken und Wünschen hinter dem Berge zu halten. So sei es gesagt: Ich wünsche, daß mir Eselshaut einen Kuchen backe und daß er mir, kaum gebacken, sofort vorgesetzt werde."
Die Königin, die diesen Namen nie gehört, fragte, wer denn das sei? Ein Hofbeamter antwortete: „Majestät, Eselshaut ist das häß-

lichste Geschöpf von der Welt, mehr Vieh denn Mensch, eine schmutzige, rußige Haut, die in Euer Majestät Meierei Truthühner hütet.“

„Schadet nichts“, erwiderte die Königin, „mein Sohn wird auf der Heimkehr von der Jagd von ihrer Bäckerei gegessen haben. Es ist ein Krankengelüste. Eselshaut soll ihm sofort einen Kuchen backen, ich will es!“

Man lief, man ließ Eselshaut kommen, man befahl ihr, für den Prinzen einen Kuchen zu backen, so gut als möglich.

Eselshaut fühlte sich glücklich, dem kranken Prinzen etwas leisten zu dürfen. Sie schloß sich in ihr Kämmerlein ein, wusch sich vor allem die Hände, warf sich dann in eines der schönsten Kleider, schmückte sich wunderbar und machte sich, so aufgeputzt, an die Verfertigung des Kuchens, zu dem sie die vorgeschriebenen sieben Sachen in bester Qualität auswählte. Während sie arbeitete und knetete, glitt ihr, unbekannt, ob mit oder ohne Absicht, ein Ring vom Finger in den Teig und blieb darin stecken.

Als der Kuchen fertig war, warf sie wieder die Eselshaut um und übergab ihn dem Staatsminister, der vor der Türe wartete und den sie teilnehmend nach dem Befinden des lieben Prinzen befragte. Der Staatsminister aber würdigte sie keiner Antwort und eilte mit dem Kuchen zum Prinzen.

Der Prinz riß ihm den Kuchen mit solcher Heftigkeit aus der Hand und biß mit solcher Gier darein, daß die Ärzte wieder die Häupter schüttelten wie bei einem bösen Anzeichen, vermeinend, daß dieses nichts Gutes bedeute.

Auch sah es einen Augenblick in der Tat bedenklich aus, denn der Prinz fing arg zu würgen an, als ob er ersticken wollte.

Im geheimen triumphierten die Ärzte schon von wegen der Trefflichkeit ihrer Ansichten. Das Würgen kam aber nur daher, daß der Prinz den Ring, der in dem Kuchen stak, beinahe verschluckt hätte. Er zog ihn noch rechtzeitig und geschickt hervor, betrachtete ihn, und die furchtbare Eßgier war mit einem Male verschwunden.

Der Ring stellte ein feines, mit einem Smaragd geschmücktes ge-

wundenes Schilfrohr vor, und der Reif war ein so feiner, so feiner, daß er nur dem zartesten Finger passen konnte.
Er küßte und herzte den Ring auf das zärtlichste. Der Besitz des Ringes regte den Prinzen noch heftiger auf.
Den Kuchen, sagte er sich, habe ich erhalten. Ob ich aber auch die Kuchenbäckerin erringe? Alle Welt spricht schlecht von ihr. Ich mache mich lächerlich, wenn ich meine Liebe zu ihr eingestehe. – Und sage ich, was ich durchs Schlüsselloch gesehen, so verrate ich, daß ich durch Schlüssellöcher sehe, und man hält mich für verrückt, weil es niemand glauben wird.
Die Ärzte erklärten endlich, der Prinz müsse liebeskrank sein.
König und Königin stürzten herbei, baten ihn, er möchte nur seine Liebe bekennen, und schworen, daß sie zu jeder Verbindung ihre Einwilligung geben würden.
„Oh", lächelte der Prinz, „eine arge Mißheirat kann es nicht werden mit einer Person, die einen solchen Ring zu tragen imstande ist." Und so sprechend, zog er den Ring hervor und zeigte ihn den erhabenen Eltern.
Diese prüften ihn als Kenner und waren ebenfalls der Meinung, daß der Ring nur einer Tochter hoher Herkunft passen könne. Und darauf beschwor der König seinen Sohn, sich mit der Genesung zu beeilen, und befahl, daß man mit Paukenschall und Trompetenklang in der ganzen Stadt verkündige, daß alles, was weiblich sei, in den Palast komme, um den Ring zu probieren und, wenn er passe, den Prinzen zu heiraten.
Man hatte das kaum verkündigt, als sie sich schon in Scharen herandrängten: Zuerst kamen die Prinzessinnen, dann die Herzoginnen, dann die Gräfinnen, dann die Freifräulein und solche, die es werden wollten – umsonst, umsonst! Keiner wollte der Ring passen. Man kam mit dem Probieren bis herunter auf die Nähmädchen – ebenfalls vergebliche Mühe, der gesuchte zarte Finger fand sich nicht.
Der Prinz, den die Sache ganz besonders interessierte, hatte sich vom Bette erhoben und probierte selbst, was ihn aufs angenehmste zerstreute.

Jetzt fragte der Prinz mit unschuldiger Miene: „Hat man denn auch jene Eselshaut kommen lassen, die mir den Kuchen gebacken?“
Alle Welt lachte. Man konnte doch die schmutzige, häßliche Person nicht zu Hofe berufen!
„Warum nicht?“ schrie der König mit Donnerstimme. „Man hole sie sogleich! Es soll nicht heißen, daß ich Ausnahmen gemacht hätte.“
Man lächelte hinter dem Rücken des Königs, aber man gehorchte und holte Eselshaut.
Die Prinzessin, der die Geschichte schon zu lange dauerte, wie wahrscheinlich dem Leser auch, wartete mit Ungeduld und immer in der Angst, daß der Ring einer andern passen könnte, obwohl sie aus der Geschichte Aschenputtels schloß, daß der Ring nur ihr passen könne, wie jener allein das bekannte Pantöffelchen paßte. Sie war also ganz glücklich, als man kam, an ihre Tür pochte und sie zu Hofe befahl. Man kann sich denken, daß sie, in Erwartung der Dinge, die da kommen sollten, sich längst auf das prachtvollste angekleidet hatte. Sobald sie aber durch die geschlossene Tür zu Hofe befohlen wurde, warf sie rasch die Eselshaut wieder um. Wie sie so aus ihrer Stube heraustrat, wurde sie mit allgemeinem Hohngelächter empfangen.
Lacht ihr nur! dachte sie und ging zu Hofe.
Auch der Prinz, als er sie, die er so prächtig gesehen, in so abschreckender Gestalt wiedersah, machte große, verblüffte, enttäuschte Augen. Traurig fragte er: „Entschuldigt, seid Ihr es, die die kleine Stube am Ende des Ganges im dritten Hofe der Meierei bewohnt?“
„Zu dienen, Hoheit!“ antwortete die Prinzessin.
„So zeiget gefälligst Eure Hand!“ sagte der Prinz seufzend.
Nun aber ging's los! Wer war überrascht? Wer sonst als der König und die Königin und alle Kammerherren und alle Großen der Krone, als hinter der Eselshaut das weißeste, zarteste, lieblichste, kußlichste, rosigste Händchen hervorkam, auf dessen dicksten Finger der Ring schlüpfte, als ob er es nicht erwarten könnte, und als endlich die Prinzessin eine leichte Bewegung mit der Schulter

machte, wie wenn man einen Mantel abwirft, und die Eselshaut abfiel und sie dastand in ihrer unbeschreiblichen Schönheit und Pracht.
Schon lag der Prinz zu ihren Füßen und drückte sein Gesicht an ihre Knie, und schon hielten die Eltern bei ihr um sie für ihn an. Die Prinzessin glaubte Erklärungen geben zu müssen und öffnete eben den Mund, als sich die Decke des Saales öffnete, die Fliederfee auf einem Fliederwagen herniederstieg und sofort die ganze wunderbare Geschichte erzählte.
Glücklich verdoppelten die hohen Eltern ihre Freudenausbrüche, und der Prinz liebte sie womöglich noch heftiger. Und wie mußte er sie erst lieben, als sie noch einen neuen Beweis von Tugend auf alle alten häufte und erklärte, daß sie es nicht für schicklich halte, sich ohne Einwilligung ihres Vaters zu verheiraten. So schickte man denn gleich eine Gesandtschaft an ihn ab, um ihn zur Hochzeit einzuladen, ohne weiter viel von der Braut und ihrem Geschlecht zu sagen. Die Fee hatte es so angeordnet von wegen der Folgen. Bald kamen die eingeladenen Könige von allen Seiten her: die einen in der Sänfte, die anderen im Wagen, die dritten, vierten und fünften auf Elefanten, Löwen, Tigern reitend, manche sogar auf Adlern, auf einfachen wie auf Doppeladlern. Aber am prächtigsten kam der Vater der Prinzessin daher, welcher glücklicherweise seine sündhafte Schrulle längst vergessen und eine schöne Königin geheiratet hatte.
Das war ein Wiedersehen! Die Prinzessin warf sich ihm zu Füßen. Er verzieh ihr, und dann verzieh sie ihm, dann umarmten sie sich, und alles endete in Glück und Freude.
Die Eselshaut aber wurde in das Wappen des Königshauses aufgenommen zur ewigen Erinnerung, daß man auch in solcher Haut durch die Welt kommen und die Throne mehrerer Königreiche besteigen könne.

Das Dornröschen

Da war in alten Zeiten, in sehr alten Zeiten, ein König und eine Königin, die hatten alles, nur keine Kinder. Endlich, nach jahrelangem Warten, ward ihre Sehnsucht gestillt, ihr höchster Wunsch erfüllt.

Die Königin gebar eine Prinzessin. Man richtete eine große Taufe her und lud dazu sämtliche sieben Feen des Landes.

Nach der Taufe begab man sich in den Saal zu einem großen Festessen. Jeder der sieben Feen legte man ein herrliches goldenes, mit Diamanten und Rubinen besetztes Besteck vor, Messer, Gabel und Löffel, in einem prächtigen Futteral. Als schon alles am Tische saß, trat plötzlich noch eine alte Fee ein, die nicht eingeladen war und die man vergessen hatte, weil man seit mehr als hundert Jahren nichts von ihr wußte und sie für tot oder verschollen hielt. Man bat sie, Platz zu nehmen, aber betreffs des goldenen Bestecks war der König in großer Verlegenheit, denn schon damals hatten die Könige nicht immer so viel Gold, wie sie brauchten. Man legte ihr also ein gewöhnliches Besteck vor und entschuldigte sich. Die alte Fee aber fühlte sich beleidigt, murmelte etwas zwischen den falschen Zähnen und machte ein böses Gesicht. Eine der jüngeren bemerkte das, und besorgt, daß die Alte der Prinzessin irgendwas Bö-

ses erfinden und anwünschen könnte, versteckte sie sich hinter einem Vorhang, um im entscheidenden Moment hervorzutreten und den bösen Zauber soviel wie möglich zu entkräften.
Gleich nach Tische gingen die Feen, die wußten, wozu sie geladen waren, an ihr Geschäft und fingen an, die Prinzessin zu beschenken, und zwar mit allen jenen Eigenschaften, die eine Mutter vor allem ihrem Töchterlein anwünscht, damit es so bald wie möglich den Leuten in die Augen falle und eine gute Partie mache. Die erste Fee sagte: „Werde die schönste Person der Welt!"
Die zweite: „Sei so geistreich wie möglich, ohne unausstehlich zu werden!"
Die dritte: „Was du tust und wie du's tust, soll Mode werden!"
Die vierte: „Alle neuen Tänze sollst du gleich so vortrefflich tanzen, als hättest du nie etwas anderes gelernt, und niemals sollst du sitzenbleiben!"
Die fünfte: „Singe wie eine Nachtigall!"
Die sechste: „Spiele ausgezeichnet Klavier, zweihändig, vierhändig, sechshändig, achthändig, selbst einhändig!"
Jetzt war die Reihe an der alten Fee, und ganz ärgerlich darüber, daß es ein so junges und perfektes Frauenzimmer geben solle, rief sie: „Die Prinzessin soll sich in ihrem fünfzehnten Jahre an einer Spindel stechen und tot hinfallen."
Diese schreckliche Bescherung erfüllte die ganze Gesellschaft mit Entsetzen, und alles fing zu weinen und zu jammern an.
„Nur ruhig, nur ruhig!" rief die junge Fee, die plötzlich hinter dem Vorhang hervortrat, „beruhigt Euch, Herr König und Ihr, Frau Königin, ich habe auch noch etwas zu sagen, denn es ist nicht meine Art, der Alten das letzte Wort zu lassen. Zwar kann man das Übel, das alte Weiber mit bösen Worten anrichten, nicht immer ungeschehen machen, aber lindern und mindern kann es manchmal eine gute Fee. Und so soll die Königstochter nicht sterben an dem Spindelstich, sondern nur in einen tiefen, hundert Jahre dauernden Schlaf versinken. Nach diesen hundert Jahren wird sie ein wunderschöner Königssohn erlösen und aus dem Schlafe wecken."
Der König glaubte mit Verboten und Drohungen alles durchsetzen

zu können. Und um das Unglück zu verhüten, erließ er ein Verbot, welches alles Spinnen und jede Hantierung mit Spindeln im ganzen Reiche aufs strengste untersagte und Verbannung und Verbrennung sämtlicher Spindeln anordnete. Und sobald das Gesetz ergangen war, verließ sich der König auf seine Beamten und war ganz ruhig.

Als die Prinzessin fünfzehn Jahre alt war, machte der König mit seiner Königin eine Reise, und die Prinzessin, die nun von ihrer Dienerschaft weniger bewacht wurde, benützte ihre Freiheit, um sich im Schlosse näher umzusehen. Sie lief treppauf, treppab, durch Stuben und Kammern und kam zuletzt in einen alten Turm. Sie stieg die Wendeltreppe hinauf und gelangte hoch oben in ein kleines Gemach. Da saß eine gute alte Frau und spann emsig ihren Flachs.

„Gute alte Frau“, fragte die Prinzessin verwundert, „was machst du da?“

„Ich spinne meinen Flachs!“

„Und was ist das für ein Ding, das da so lustig tanzt und springt und sich dreht wie im Tanze?“ fragte die Prinzessin und griff nach der Spindel. Kaum hatte sie die Spindel berührt, so stach sie sich, fiel hin und sank in einen tiefen, tiefen Schlaf.

Und in demselben Augenblicke schlief mit ihr alles ein, was im Schlosse war, die Kammerherren, die Hofdamen, die Möpse, die Jagdhunde, die Leibkatzen, die Kammermädchen, die Hofmusizi, die Pferde im Stalle, die Schwalbe im Neste, die Nachtigall im Busche, die Taube auf dem Dache, die Pagen, die Türsteher, die Hundejungen, die Läufer, die Köche und Küchenjungen, die Beschließerin, das Feuer auf dem Herde, das Wasser am Rohrbrunnen und im Springbrunnen, selbst Blumen, Büsche und Bäume und selbst der Wind, der eben über das Schloß wehte, alles in der Stellung und Lage, die es eben hatte, als die Prinzessin in Schlaf sank. Rings um das Schloß aber begann es zu sprossen, zu wachsen und zu treiben, und bald war es von einer dichten, undurchdringlichen Dornhecke umgeben. Und um die Dornhecke wiederum wuchs ein gewaltiger, so hoher Wald, daß kaum die Turmspitzen des Schlosses, und diese auch nur aus weiter Ferne, sichtbar blieben. Und Bäume, Sträucher, Dornhecken und Schlingpflanzen aller Art woben und schlangen sich so ineinander, daß in das Schloß gar nicht zu gelangen war und daß man es im Lande nach und nach ganz vergaß. Nur die Sage erzählte noch, daß hinter der Hecke ein wunderschönes Schloß stehe und daß in dem Schlosse eine wunderschöne Prinzessin schlafe, und diese Prinzessin nannte man nach der Dornhecke, die ihren Schlaf beschützte, das Dornröschen.

Die Sage von dem wunderschönen Schloß und der wunderschönen Königstochter lockte viele tapfere Königssöhne herbei, welche den besten Willen hatten, in das Schloß zu dringen und Dornröschen zu erlösen. Aber sie blieben in der Dornhecke hängen, zappelten sich vergebens ab und starben eines jämmerlichen Todes. Der Weg zum Glücke ist immer ein dorniger und voll von Hindernissen, und noch dorniger und reicher an Hindernissen ist der Weg zur Schönheit, welche erlöst werden, die Augen aufschlagen und die Welt mit ihrem Lächeln und Blick erheitern soll. Jeder hat Lust zu einer solchen Erlösung, aber wenige haben die Kraft, und am Ende nützt alle Kraft nichts, wenn nicht die rechte Stunde gekommen und zur rechten Stunde der rechte Mann.

Der rechte Mann aber war ein Königssohn, der gerade hundert Jahre, nachdem Dornröschen eingeschlafen war, in die Gegend kam, angeblich der Jagd wegen, in der Tat aber, weil er gehört hatte, daß hier eine große Schönheit zu erlösen und ein herrliches Reich voll Schönheit zu gewinnen sei. Der Wald sah erschrecklich aus, und noch erschrecklicher war, was man ihm erzählte: von den unzähligen Königssöhnen, die in den Dornhecken wie in Schlingen hängengeblieben und sich zu Tode gezappelt; von den bösen Geistern, die in dem Schlosse umgehen und jeden Eindringling zerreißen sollten; von einem bösen Riesen, der es bewohne und Kinder und Erwachsene fresse. Aber all das konnte den tapfern Königssohn, der sich für berufen und auserwählt hielt und eine unendliche Sehnsucht nach dem Dornröschen empfand, nicht abhalten.

Lieber sterben, dachte er, als sein Ideal nicht erreichen. Er tat, was in solchen Fällen am zweckmäßigsten ist, er ging darauflos. Und siehe da, die fürchterlichen Hecken, die alten Bäume, das Gestrüpp, die dornigen Wände, alles öffnete sich ihm wie weite Flügeltüren, die dienstfertige Bediente vor ihm aufgestoßen hätten. Auffallend war, daß die Hecken und Gesträuche sich gleich hinter ihm schlossen und nur ihn, ihn allein, durchließen, während sie vor den Nasen seiner Leute, die ihm folgten, wieder zusammenschlugen, als ob sie sagen wollten: Da könnte jeder kommen! Neu ermutigt schritt er weiter, wohl fühlend, daß er vor den andern etwas voraushatte und daß ihn eine geheimnisvolle Macht begünstigte.
Endlich kam er an ein prächtiges Tor und durch das Tor in einen Hof, dann in einen zweiten Hof, dann an eine große Treppe. Die stieg er hinauf und gelangte in einen Vorsaal, dann in einen Prachtsaal, dann in einen zweiten, dritten, vierten Saal, einer immer schöner als der andere. Überall auf seinem Wege, vom Tor angefangen, standen, saßen, lagen oder befanden sich in den verschiedensten Stellungen des Gehens, Laufens und allerlei Handelns wie gefroren Türsteher, Wachen, Bediente, Hofleute jeglicher Art, zu Fuß, auch zu Roß, alles schlafend. Der Königssohn kümmerte sich nicht um die Menge, ebensowenig ließ er sich durch die unheimliche Stille, die rings um ihn herrschte, anfechten, obwohl manches gar kurios und schön anzusehen gewesen wäre: wie der Page so schön an dem Türpfosten lehnte oder wie der Efeu sich um das Waldhorn des Jägerburschen geschlungen hatte, wie der Springbrunnen, als wäre er aus Kristall, steif und fest in der Luft stand und andere dergleichen Wunder.
Ihn trieb es weiter, und aus den Sälen kam er in die Gemächer, in eine lange Reihe von Gemächern, alle mit Gold, Seide, Zindel, Schnitzwerk, Bildern und allen schönen Dingen geschmückt – etwas altmodisch, aber recht malerisch und höchst interessant. Er hätte mit einiger Geduld in diesen Gemächern allerlei lernen können, aber er hatte etwas Besseres zu tun, als altes Zeug zu studieren. Er wollte die Schönheit sehen mit Augen. So wanderte er weiter, bis er in eine vergoldete Schlafkammer trat, und da bot sich

ihm ein Schauspiel dar, wie er dergleichen nie gesehen. In einem

Bett, dessen Vorhänge ganz zurückgezogen waren, lag Dorn-

röschen, frisch und gesund und schön wie Milch und Rosen. Es ging ordentlich ein Glanz von ihr aus, der das ganze Zimmer mit Licht erfüllte. Ihre Brust hob sich sanft, wie in leisem Schlummer, ihre Lippen lächelten und bewegten sich, als wollte sie etwas recht Angenehmes sagen.

Der Königssohn stand wie verzaubert und wußte nicht, was beginnen. Endlich aber, nachdem er wohl eine Viertelstunde so im Anschauen des herrlichen Bildes dagestanden, faßte er sich, beugte sich zu ihr herab und drückte auf ihre Lippen einen herzhaften Kuß. Dornröschen war erlöst. Sie tat, als wüßte sie gar nicht, auf welche Weise sie erlöst worden, blinzelte eine Sekunde lang und schlug dann endlich die Augen ganz auf, die schönen großen blauen Augen. Dann sagte sie, indem sie die Hand vor den ein klein wenig gähnenden Mund hielt: „Sind Sie es, mein Prinz? Sie haben recht lange auf sich warten lassen, mein Prinz!" Man konnte nicht angenehmer ausgezankt werden, und in der Tat war der Prinz ganz entzückt von dem Vorwurf, von dem vornehmen Gähnen, von ihrer schönen Hand, von ihren Augen, kurz von allem, was er sah, hörte, fühlte. Und er überlegte es sich nicht lange, sank vor ihr aufs Knie und erklärte ihr seine Liebe, was um so schöner klang, je ungeordneter, verwirrter es zum Vorschein kam.

Mittlerweile war, als Dornröschen die Augen aufgeschlagen, auch das ganze Schloß und alles, was mit ihr eingeschlafen, wieder erwacht, wie es sich für eine gute Dienerschaft ziemt. Jedermann ging an sein Amt und an seine Pflicht. Da aber die Herzen der Hofleute nicht so beschäftigt waren wie das Herz ihrer Herrschaft, machten sich ihre Magen, die hundert volle Jahre gefastet hatten, desto empfindlicher geltend.

Sie bellten förmlich vor Hunger, und die Erste Hofdame war so hungrig wie der Letzte Schweizer und Hundejunge, und sie stürzte ins Gemach der Liebenden und verkündete, daß die Suppe aufgetragen sei.

Der Königssohn half Dornröschen, deren Glieder noch immer etwas eingeschlafen waren, aus dem Bette. Sie war ganz angekleidet, wobei er bemerkte, daß ihre Toilette die größte Ähnlichkeit hatte mit der seiner seligen Großmutter. Aber er hütete sich, darüber ein Wörtchen zu verlieren. Er ging sogar so weit, ihre veraltete Tracht von anno dazumal auf feine Weise zu loben, was ihm in ihren Augen gewiß nicht schadete, obwohl sie tat, als läge ihr an solchen Kleinigkeiten wie Kleider und Putz nicht das allermindeste.

Zierlich ihre Hand fassend, führte er sie in einen großen Spiegelsaal, wo bereits die ganze Hofgesellschaft versammelt und ein gutes Nachtessen aufgetragen war. Geigen und Pfeifen spielten schöne alte Weisen auf, die Dornröschen wohl kannte, die dem Prinzen aber wie eine Musik aus einer andern Welt klangen. Nach Tische wurde der Hofprälat geholt und in der Hofkapelle das junge Paar zusammengetan, dann in ein Schlafgemach geführt, das einige alte Hofdamen mit besonderem Eifer rasch und zweckmäßig hergerichtet hatten, wobei diese Alten so heiter waren, als ob sie selbst Hochzeit machen sollten. Dornröschen schloß während der ganzen Nacht kein Auge, da sie die letzten hundert Jahre genug geschlafen hatte, und so wachte auch der Königssohn bis zum Morgen.

Ziemlich früh brach er auf, um in die Stadt zurückzukehren, da sein Vater, der alte König, nicht wußte, was aus ihm geworden war. Er erzählte dem Alten die alte Geschichte, daß er sich auf der Jagd im Walde verirrt, in der bekannten Hütte des bekannten Köhlers übernachtet und daselbst das bekannte Schwarzbrot mit Käse gegessen habe. Trotzdem glaubte ihm der Vater, denn er gehörte zu jener Art von Leuten, die alles glauben. Der Mutter aber war nicht so leicht mit alten Köhlergeschichten etwas weiszumachen. Und da der Königssohn immer wieder in den Wald ging und oft mehrere Nächte ausblieb, sagte sie sich, daß man solches nicht wegen Schwarzbrot und Käse zu tun pflege und daß dahinter etwas ganz anderes stecken müsse. Denn so ging es nun schon seit nicht weniger als zwei Jahren. Und Dornröschen gebar zwei Kinder, deren ältestes ein Mädchen war, namens Morgenröte, das jüngere, ein Knabe, der der helle Tag hieß, weil er noch schöner war als sein Schwesterchen.

Als aber, wieder nach zwei Jahren, der alte König starb und sein

Sohn den Thron bestieg, verkündete er laut seine Heirat mit Dornröschen und zog mit großem Pompe aus, um sie und die Kinder aus dem Waldschlosse abzuholen. Sie hielt einen prachtvollen Einzug in die Hauptstadt: Glockengeläute, Kanonendonner, Blumen, Triumphbogen, weißgekleidete Jungfrauen, viele Soldaten, alles war da.

Bald darauf mußte der König in den Krieg, und er übergab für die Zeit seiner Abwesenheit die Regentschaft der Königinmutter, indem er ihr zugleich sein Weib und seine Kinder besonders ans Herz legte. Sie versprach alles Gute. Aber kaum war der König abgezogen, als sie schon Dornröschen mit ihren Kindern aufs Land schickte, in ein Landhaus, das mitten im düstern, düstern Walde lag. Dort dachte sie ihre böse Lust auf leichtere und unentdeckte Weise büßen zu können.

Nach einigen Tagen folgte sie, und eines Abends sagte sie zu ihrem Haushofmeister: „Morgen zu Mittag will ich die kleine Morgenröte verspeisen!“

„Ach, Majestät!“ schrie der Haushofmeister erschrocken.

„Ich will es! Ich geruhe es!“ rief die Königin in einem Menschenfresserton, der zugleich besagte: und daß die Sauce ja recht gut sei!

Der arme Mann sah ein, daß hier nicht zu spaßen war, nahm sein großes Messer und stieg hinauf in das Zimmer der kleinen Morgenröte. Das gute Kind war eben vier Jahre alt, sprang und lachte und warf sich lachend an seinen Hals und fragte ihn, ob er Zuckerwerk mitbringe. Er fing zu weinen an, ließ das Messer fallen und lief in den Hof und schnitt einem kleinen Schäflein den Hals ab, und machte eine so gute Sauce dazu, daß die Königin versicherte, ihr Lebtag nichts Besseres gegessen zu haben. Die kleine Morgenröte trug er in seine Wohnung im Hinterhofe und übergab sie seiner Frau, daß sie sie gut verstecken möge.

Nach acht Tagen sagte die böse Königin wieder: „Heute abend will ich den kleinen hellen Tag verspeisen!“

Diesmal erwiderte der Haushofmeister nichts, er dachte sich nur: Wart, dich betrüge ich wie das erstemal.

Er holte den kleinen hellen Tag, der erst drei Jahre alt war und der eben mit einem Gewehr in der Hand Soldaten spielte und einen alten Affen einexerzierte, trug ihn zu seiner Frau, die ihn mit der kleinen Morgenröte versteckte, und setzte der Ogerin anstatt des hellen Tages ein sehr zartes, gut zubereitetes junges Böcklein vor, das sie überaus wohlschmeckend fand.

Bis dahin ging alles gut. Aber eines Tages sagte die Königin zum Haushofmeister: „Ich will die Königin selber fressen, und zwar in derselben Sauce wie die Kinder.“ Jetzt war guter Rat teuer. Die hundert Jahre, die sie verschlafen hatte, nicht mitgerechnet, war Dornröschen jetzt über zwanzig Jahre alt und ganz ausgewachsen. Wo in aller Welt ein Tier hernehmen, das man an ihrer Statt der Königin vorsetzen könnte? In seiner Verzweiflung und um sich selbst das Leben zu retten, beschloß er zu tun, wie die alte Königin befohlen, und die junge abzuschlachten. Er redete sich in eine arge Wut hinein, und sehr wütend und mit dem Messer in der Hand brach er in die Stube der jungen Königin und sagte ihr, ohne dabei die schuldige Ehrfurcht außer acht zu lassen, welchen Befehl er von der Königinmutter erhalten. Er meinte, sie werde sich sträuben, schreien und ihn ausschimpfen und ihm so die Sache erleichtern, indem sie ihn noch mehr wütend machen würde.

Dornröschen aber sagte gelassen, sanft und traurig: „Tut, was Eures Amtes ist“, und dabei streckte sie ihr schönes weißes Hälschen hin, „vollstrecket die erhaltenen Befehle. Ich folge gern meinen armen Kindern, die ich so sehr geliebt habe.“

Sie glaubte nämlich, die Kinder seien tot, seit man sie ihr entführt hatte.

„Nein! Nein!“ rief der arme Haushofmeister außer sich vor Rührung, „nein, Ihr sollt nicht sterben, und Eure Kinder sollt Ihr auch wieder haben, denn ich habe sie versteckt, und die Alte soll statt Eurer ein Reh zu fressen bekommen!“

Sofort brachte er sie zu ihren Kindern, überließ sie ihrem Glücke und eilte, ein Reh herzurichten, das die alte Königin mit demselben Appetit verspeiste, als ob es das appetitliche Dornröschen selbst gewesen wäre. Nun alle ihre Gelüste gestillt und keine Morgenröte, kein heller Tag, kein Dornröschen mehr zu haben waren, fühlte sie sich befriedigt und ohne Furcht vor dem König, dem sie weismachen wollte, die hungrigen Wölfe hätten sein Weib und seine Kinder gefressen.

Eines Abends, da sie wie gewöhnlich im Hofe herumschnüffelte nach frischem Fleische, hörte sie mit einem Male aus einem unter-

irdischen Gemache die Stimme des kleinen hellen Tag, der da weinte, weil ihn die Mutter züchtigen wollte, und die Stimme der kleinen Morgenröte, die für ihr Brüderchen um Verzeihung bat. Die Ogerin erkannte die Stimmen der Königin und ihrer Kinder, und wütend, auf diese Weise hinters Licht geführt und in ihren höchsten Freuden beeinträchtigt worden zu sein, schwur sie, sich aufs furchtbarste zu rächen. Und schon am nächsten Morgen befahl sie, daß man eine große Tonne in den Hof bringe und sie mit Kröten, Vipern, Nattern und Schlangen aller Art anfülle und die junge Königin und ihre Kinder und den Haushofmeister und dessen Frau und Magd hineinwerfe.
Sie alle wurden, die Hände auf dem Rücken zusammengebunden, herbeigeführt.
Und da standen sie, und die Henker machten sich eben bereit, sie zu packen und in die Tonne zu werfen, als mit einem Male der König in den Hof sprengte.
„Was geht hier vor?“ rief er beim Anblick dieses höchst sonderbaren Schauspiels.
Aber kein Mensch hatte den Mut, ihm die Wahrheit zu sagen, und die alte Königin, entrüstet, sich im entscheidenden Augenblick so gestört zu sehen, stürzte sich nun selbst in die Tonne, wo sie alsbald von den scheußlichen Tieren aufgefressen wurde und ihren wohlverdienten Lohn erhielt.
Der König aber war sehr glücklich mit seiner schönen Frau und seinen womöglich noch schöneren Kindern, die er nimmer verließ.

Der Verfasser dieser Märchen ist der französische Dichter Charles Perrault. Er lebte im 17. Jahrhundert. Perrault unterhielt mit den Märchen, die seit langem im französischen Volk erzählt wurden, die vornehmen Damen und Herren in den Pariser Salons. Er wahrte den einfachen Inhalt der Märchen und im wesentlichen auch ihre Form, würzte sie aber, um dem Geschmack der Zuhörer entgegenzukommen, mit geistvollen Anspielungen auf seine Umwelt. Die Märchen wurden zunächst unter dem Namen seines Sohnes gedruckt. Offenbar maß ihnen Perrault neben seinen anderen Werken nicht sehr viel Bedeutung bei. Diese kleinen Dichtungen sind es jedoch, die seinen Namen unsterblich gemacht haben. Perrault kommt, ähnlich wie den Brüdern Grimm in Deutschland, das Verdienst zu, daß er französische Volksmärchen zum erstenmal gedruckt der Öffentlichkeit übergeben hat.
Moritz Hartmann, einer der bedeutendsten österreichischen Dichter des 19. Jahrhunderts, übertrug die Märchen von Charles Perrault ins Deutsche und erzählte sie neu. Er hielt sich eng an das französische Original, bezog aber die geistreichen Anspielungen mehr auf seine eigene Zeit.